不枉过年少

曹彦　著

群众出版社·北京

图书在版编目（CIP）数据

不枉过年少/曹彦著．—北京：群众出版社，2017.4

ISBN 978－7－5014－5651－2

Ⅰ．①不…　Ⅱ．①曹…　Ⅲ．①中国文学—当代文学—作品综合集

Ⅳ．①I217.2

中国版本图书馆 CIP 数据核字（2017）第 055618 号

不枉过年少

曹　彦　著

出版发行：群众出版社
地　　址：北京市丰台区方庄芳星园三区 15 号楼
邮政编码：100078
经　　销：新华书店
印　　刷：北京普瑞德印刷厂

版　　次：2017 年 4 月第 1 版
印　　次：2017 年 4 月第 1 次
印　　张：4.25
开　　本：880 毫米×1230 毫米　1/32
字　　数：110 千字

书　　号：ISBN 978－7－5014－5651－2
定　　价：20.00 元

网　　址：www.qzcbs.com
电子邮箱：qzcbs@sohu.com

营销中心电话：010－83903254
读者服务部电话（门市）：010－83903257
警官读者俱乐部电话（网购、邮购）：010－83903253
文艺分社电话：010－83903973

目录

小说卷

散文卷

纪实卷

小说卷

点心

周末，袁县长又下乡检查工作去了。这个三十出头的年轻人上任以来，工作干得风风火火，当官当得清清白白。熟悉他的老百姓都说“这伢子干得不错”。

傍晚，一辆小汽车停在了县政府楼下。袁县长挂着一裤脚泥巴从乡里回来了。刚打开车门，便有一个尖细的女声从楼上传来：“怎么才回来呀！”袁县长抬头望去，原来是妻子来了。他平时工作忙，没有机会回家，妻子便时不时地到县里来看他。妻子来的时候总不忘手里提着一两盒点心，点心盒上大多印着外国字。袁县长在打开盒子时，常常发现点心被不经意地翻动过，一块块不规整地码放着。他想，应该是妻子一路颠簸给弄的，也就没太在意。

袁县长从小就爱吃点心。那时候家里虽然穷，但他娘总是会想法子做点心给他吃。玉米饼、萝卜酥、芋头酥、山药酥……每次只做几块，他娘舍不得吃。现在，他当上了县长，想好好孝敬娘，可老人家说什么也不愿意搬到镇上去住，依旧守着村里自家的小院。娘上了年纪，牙口不好，硬点儿的东西都不能吃，所以袁县长每次回村都不知该给娘带些什么。他走时，娘拉着他的手说得最多的一句话就是："伢子，当官莫伸手，伸手必被捉啊！"

袁县长是个好官，不让人走后门，也绝不收别人的好处费。有不少求他办事的人提着好烟、好酒走进县长办公室，却又灰溜溜地提着东西出来了。后来，不知是谁把袁县长爱吃点心的秘密说了出去，结果"呼啦"一下，全县上下都知道了。于是，有人干脆就提着各式各样的点心往袁县长家里送。袁县长平时难得回一趟家，家里平时只有妻子一个人带孩子。他每次打电话回家，妻子都会告诉他有人送点心来了。他让她退回去，可是妻子总是说"花不了几个钱的东西，退回去显得太寒碜"。他每天从早忙到晚，也就没把点心的事放在心上。

一天，袁县长从镇上调研回来，看到办公桌上放着两盒点心。于是，他找来了秘书小王。小王说："这是李局长刚送来的朝鲜打糕。他说他到了镇上，嫂子不在家，所以就直接送到办公室来了。"袁县长无奈地摇了摇头。忽然，他好像想到了什么："小王，你把这两盒点心送到我娘那儿，她老人家或许能吃。"袁县长说完，就低头批阅起文件来。

过了几天，袁县长正在会议室里开会，秘书小王走到他身边悄悄说："县长，大娘来了。"袁县长吃了一惊——娘怎么突然来了？开完会，袁县长急匆匆地回到办公室，只见娘低着头，揉捏着裹过的小脚。

"伢子，你回来啦！"

"娘，您怎么来啦？"

"我想来看看你工作的地方，顺便给你带些点心。"

娘颤巍巍地掀开竹筐上盖着的蓝布，捧出一个铁盒子。对袁县长来说，这个铁盒再眼熟不过了。小时候，娘做好了点心总是放在这里面，他总是伸出小手不停地从里面拿点心。娘打开铁盒盖，满满一盒子萝卜酥、芋头酥、山药酥……

“娘，您怎么做了这么多点心啊，累坏了吧！”

“伢子，以后还是娘给你做点心吃吧，别人的可不敢要！”

说着，娘又从竹筐里吃力地拿出了两个盒子。袁县长一看，竟是前几天让小王给娘送去的点心。

“娘，您怎么没吃呢?”

“伢子，娘虽然没读过书，但是娘知道，这点心不能吃啊！”

袁县长越听越糊涂。他接过盒子，打开一看，发现点心盒的中间夹着一沓沓的百元大钞。他又打开另一个盒子，同样有一沓沓的钱夹在整齐码放的糕点里。他把钱抽出来数了数——一沓一万元，一共是六沓。他看着自己翻动后的点心，顿时明白了一切。想到平日里收到的那一盒盒点心，一股怒气猛地冒了上来。他刚想发火，便看到娘的眼里流出了两行清泪，吧嗒吧嗒地滴在了点心上。

胡海三的一天

下了公交车，胡海三紧了紧肩上的红、白、蓝条纹的编织袋。一个拖着小皮箱的女人跟在他后面，急匆匆地下了车。可能是被他的编织袋蹭到了细嫩的胳膊，那女人嘟嘟囔囔地骂了几句。胡海三无意识地回了一下头，只见那女人顷刻间低下头，三步并作两步地跑了起来。胡海三心里纳闷：天还没亮呢，这位大姐跑那么快，可千万别摔着了。

他向不远处的火车站望了过去。晶莹剔透的龙州站被清晨奶油色的薄雾笼罩着。除了几辆在站外停了一夜的三轮搭客摩托车，只有零星的几个人在进站口徘徊。攥在手里的车票早已变得汗津津的了。胡海三小心翼翼地展开打了卷的车票，念叨着：

“4 月 4 日零点十分，4 月 4 日零点十分……”

他边走边费劲地想：“今天是 4 月 3 日，4 月 4 日是明天。我要坐的火车是 4 月 4 日零点十分开，究竟在啥时候上车呢?”他边想边用手拍着脑袋，可还是被时间弄乱了神经。总之，在他看来，晚到不如早到，3 号来准错不了。

眼看就要走到进站口了，胡海三把编织袋往石阶上一撂，一屁股坐下，掏出一包已经瘪了一大半的烟盒，拿出一支烟点上，慢慢抽了起来。对他来说，时间还早得很。只要能上了火车，在 5 号清明节以前赶回老家，带上供品和纸钱，再折几枝嫩绿的新枝插在妻子的坟头上，他就安心了。妻子的死，一直是他不愿提及的。那几年，村里的男人一阵风潮般地外出打工挣钱，他也不得已跑到了龙州。他的命不错，打工的时候遇到了一个在城里发达了的同乡，而且这个同乡很实在，带着他一块儿干。当然，干的是装修之类的粗活儿。几年下来，他竟然挣到了比村里其他男人多几倍的钱。

挣了钱，他想回去和老婆生个大胖小子，过安稳的日子，可又舍不得这已经开了头的挣钱之道。于是，他在老家帮妻子盖起了一幢新房，并且每个月都给妻子寄一千五百块钱，自己只留下一点儿零花钱。这在他的老家青柿村是绝无仅有的，因为整个村子的妇女都靠种柿子卖钱养家。很多男人一出去就和家里断了联系，有的在外面又结了婚，更别说盖房、寄钱了。突然有一天，村委会的人打电话给他，说他家里出了大事，让他赶紧回去一趟。他回到家一看，院门口停着两辆警车。他跑到屋里，眼前是一片狼藉，显然是被洗劫过了。警察告诉他，他的妻子已经遇害了。经初步鉴定，警方认为这是一起入室抢劫杀人案。被害人生前被人用不干胶带粘贴口鼻致死。听到这一噩耗，有如五雷轰顶。胡海三跟随警察到镇上去看了看妻子那已被冷冻起来的尸体，放声大哭了一场。他在家不吃不喝地呆坐了整整三天。他对天发誓，一定要抓到凶手。可是，警察告诉他，现场并没有留下什么重要线索，只有一个目击者案发前在胡海三家的院门口见到一个陌生男子向他妻子问路。此人走路摇摆，说话歪嘴，鼻音很重。可是，光凭这几点特征是绝对破不了案的。警方全力追查、悬赏通缉，仍然没有得到有价值的线索。七年过去了，此人仍然逍遥法外。想到这儿，胡海三重重地吸了两口烟。

天彻底亮了。胡海三站起身，扛起袋子，准备进站。就在他刚想迈进安检门的时候，保安直勾勾地盯着他说：

“同志，你的编织袋要过一下三品检测仪。”

胡海三愣在那儿了：“什么三姨？”

保安以为他是存心找茬儿，所以把音调提高了八度，指了指他身边的那个庞然大物，用命令式的口吻说道：“把编织袋放到传送带上！”

胡海三这才明白过来，老老实实地把编织袋放了上去，然后赶紧走进去拿起编织袋，准备放到肩上。他抬起头，只见两位熬红了眼的值班民警强打精神坐在那儿，估计是一宿没合眼。就在胡海三和民警对视的一刹那，那两位刚才还有些疲惫的民警突然站了起来，威严地朝他走了过来。

“同志，你好！请出示身份证，我们做一下登记。”其中一位民警说。

胡海三再次放下编织袋，在裤子口袋里摸了又摸：“哎呀，放在编织袋里了。”

“那就麻烦您把它找出来吧。”民警的语气十分和缓，但眼睛却始终严肃地盯着胡海三的脸。

他打开编织袋，在预备带回去做供品的糕点和水果里翻腾着，却怎么也找不见自己的身份证。此时，他已经是大汗淋漓了。最后，他干脆将编织袋里的东西一股脑儿地倒在地上，终于在一个黄澄澄的柑橘下面发现了他那张和妻子的遗照包在一块儿的身份证。还好，这时过往的旅客寥寥无几，不然的话，一地的水果都要被踩得稀烂。可是，一名男旅客偏偏在从这里经过时踩扁了地上的两盒云片糕，连句道歉的话都没说就大摇大摆地走开了。这是他妻子最爱吃的龙州特产，他每次回家都要给妻子带上几盒，这次也不例外。胡海三看了一眼那个穿着深蓝色旧夹克的男旅客，有些气愤。一位民警帮着胡海三将散落在地上的水果捡进袋子，另一位民警则接过身份证，仔细看了看，嘴里念着：

“胡海三。”

然后，那位民警又看了胡海三一眼，然后低下头去，在一个黑色的计算器模样的东西上写着什么。过了一会儿，民警抬起头来，把身份证递给了胡海三：

“你可以走了。”

胡海三扛起编织袋，看到前方有“问讯处”三个字，便捏着车票径直走了过去：“你好，我想问一下 4 月 4 日零点十分是什么时候。”

问讯处的小姑娘吓得“啊”了一声——胡海三的长相确实会让人望而生畏。姑娘接过车票看了看，然后告诉他，就是当晚的十二点十分。胡海三又啰啰唆唆地问了一阵，这才如证明了哥德巴赫猜想一般，大步流星地走向了候车室。候车室里人挺多，有的人占着三四个位子，把包当枕头，打着闷呼噜。有些出来务工的年轻女人翘着二郎腿，肆无忌惮地解开上衣给怀里的孩子喂奶。有些旅客一脸凝重地坐着，准备乘车回乡扫墓。胡海三把头转向一边，尽量避开那些喂奶的女人。无意间，他看到了那个把他的两盒云片糕踩扁又没道歉的男旅客。报纸遮住了那个人的大半张脸，可深蓝色的旧夹克还是能看得很清楚。胡海三没好气地狠瞪了他一眼，就当给自己出出气吧。

他找了一个位子坐下，可是没坐一会儿，就被旁边坐着的老头儿身上发出的恶臭熏得快晕过去了。他起身换了个位置，打了一会儿盹儿，肚子就咕咕地叫了起来——早饭还没吃呢！胡海三抬头看了看墙上的电子钟，还不到八点，决定出去买点儿吃的。于是，他扛起编织袋，到车站附近的早点铺买了四个大肉包子。在走回车站的路上，胡海三就迫不及待地边走边吃了起来。走到安检门时，手里的包子已经全部下肚了，他把油腻腻的手在编织袋上蹭了几下。

“同志，请过安检！”又是那个保安。

“我先前已经过安检了。”胡海三理直气壮地说。

“只要你出了这个门，就要重新过安检。”保安仍然很强硬。

胡海三只好放下编织袋，又过了一次安检。他刚拿起编织袋，一个瘦高的民警就站在他面前了——并不是先前那两位。

“同志，登记一下身份证！”民警依旧很客气，但还是十分严肃地看着他。

“我先前已经被查过了。”胡海三又一次理直气壮地说。

“是吗？”民警狐疑地望着他，“那就请您再出示一下证件吧！”

这次还好，吸取上一次的教训，胡海三将身份证放到了裤子口袋里，所以取出来时轻而易举。他在心里犯嘀咕：“同时进站了那么多旅客，怎么只查我一个呢？”这时，一个熟悉的身影从胡海三的眼前晃了过去。那个人看了胡海三一眼，便大摇大摆地走向了候车室。

“为什么不查他？他踩了我的东西，也没道歉！”胡海三指着那个没礼貌的男人，有些不服气。

民警顺着胡海三指的方向看了那个人一眼：“我们是抽查。”

胡海三听罢，只得自认倒霉。他重新回到候车室坐下，没过多久就打起了呼噜。不知睡了多久，他醒来时眼睛竟然是潮湿的。他梦见自己和妻子在自家的小院里种瓜和豆，妻子银铃般的笑声在院子里荡漾。突然，一个人闯了进来，把他的妻子推倒在地。他追出去时，那个人已经不见了。

胡海三就这样痴痴地望着候车室的大门，脑子里想着妻子在世时的美好生活。想着想着，仇恨直冲头顶，他那握紧的拳头咯咯作响。一阵啤酒瓶相互撞击的哐当声打断了胡海三的思绪。他抬头一看，竟又是那个不讲礼貌的男旅客。这次，他手里多了两瓶啤酒和两只烤鸡腿。胡海三原本对那个人的印象就一塌糊涂，这下就更糟了。昏昏欲睡了一段时间，胡海三瞥了一眼车站的电子钟——好家伙，已经是下午四点了！

“中午饭都省了。”他想。

胡海三拿着票，又到问讯处确认了一遍乘车时间，才放下心来。这时，他又饿了。可是，他实在不愿意再出站，因为进站对他来说实在是太麻烦了。可是，总不能饿死在车站里吧！他豁出去了，拎起编织袋就往外走。在外面吃了一大碗辣米粉后，他又买了一堆能填饱肚子的食物，打着饱嗝进了站。不用说，保安和民警都换了新面孔，他仍然没有逃过安检。就在这时，那个没有礼貌的男旅客又从他眼前走了过去，摇摇摆摆，面无表情。这回，胡海三一坐下就再也不愿意起来了，只想等到零点十分火车开动。这一睡，就到了晚上九点。候车室里禁止吸烟，他憋了好一阵，难受得要命，决定到进站的石阶上去抽支烟。

他抽了一会儿烟，直到烟盒空了才肯作罢。这次进站时，他熟练地将编织袋放到传送带上，并主动从口袋里掏出身份证交给站在一旁的“新面孔”。

民警奇怪地问：“你怎么知道要查身份证？”

胡海三无奈地说：“这已经是第四次被你们查了。”

民警笑了笑，说：“那就不用查了，进去吧。”

这时，那个身穿深蓝色旧夹克的男人从安检门进来了。

“同志，请您出示身份证。”民警说。

那个男人的脸一下就僵住了：“我没带。”

“那请你报上姓名！”民警严肃地说。

“为什么要问姓名？你们有什么权力查我？”那个男旅客嚣张起来。

因为他是背对着胡海三，所以胡海三看不到他的嘴脸，只觉得他的鼻音很重。

“我们要抽查进站的旅客。你身边的这位同志就很配合。”民警指了指胡海三。

“他长成这样，查他是理所应当的。”那个男旅客一边说一边朝胡海三望了过来。

恼怒的胡海三看着他，突然震惊了——这个男人说话时嘴巴竟然是歪的。

“天哪！走路摇摆、说话歪嘴、鼻音很重，这个人难道就是……”

七年了，凶手的三个特征深深地印在了他的脑海里。此时，第六感告诉胡海三，眼前的这个人一定就是杀害自己妻子的凶手。

震惊了几秒钟，他下意识地狠狠扑了过去，把那个男人扑倒在地，并歇斯底里地大叫：“杀人犯！”

那个男人也许是做贼心虚，顿时脸色煞白，拔腿就往安检门外跑……三四个民警冲过去，一下子抓住了那个人。在公安值班室里，胡海三言辞激烈地吼叫着，挥舞着拳头想和那个男人拼命。两名民警用力拽着他粗壮的手臂，尽量安抚他。

在那个男人身上，民警搜出了两张身份证，其中一张是假的。民警将真实信息输入电脑，进行了查询。在场的人看到查询结果后，不约而同地倒吸了一口冷气：“侯军，入室抢劫杀人。登记时间：2000年。”经过进一步的讯问，在确凿的证据面前，侯军不得不供认了全部犯罪事实。民警给侯军戴上了手铐，等待他的将是法律的严惩。

还有一点忘记说了，那就是：在讯问的过程中，侯军说他进出车站三次都没有被民警查到，是因为胡海三的长相更容易让人起疑心。侯军知道自己早已被通缉了，所以平日无论到哪儿都格外警惕。他发现和胡海三一起进站能逃脱安检，所以只要胡海三出站，他就会跟在后面出去吃饭——民警会把精力集中在胡海三身上。可是，他万万没想到，胡海三就是受害人的丈夫。最终，法网恢恢，他被逮了个正着。

已经是深夜十二点了，胡海三坐上了开往老家的火车。车站上，民警们向他挥着手。此时，他心里只想着赶紧回去把这个天大的好消息告诉给老家的亲人，并告慰九泉之下的妻子，让她安息。车开了，他忍不住流下了激动的泪水。泪水滴落在他手中的云片糕上，他吃了一口，有点儿咸，也有点儿甜。

就这样去摆渡

一

天冷极了。他将散发着霉味的棉被使劲往上拽了拽，几乎盖住了半张脸。接着，他陡然转了个身，发现对面的床上已经空了，被褥叠得整整齐齐。

天色微亮。他睁开眼，朝钉着木板的窗户外面望去。过了一会儿，他又回过头来看了看屋内。那张掉了漆的红色桌子上放着一个大玻璃罐，里面是老葛泡的金橘。

老葛养的鸡一会儿该打鸣了吧！于是，他强忍着困倦，起身去拿放在一旁的棉大衣。这可不是一件普通的棉大衣，胸前的警号连同挂在肩上的肩章，过不了多久就会有变化了。想到这儿，他心里多少有些欢喜。

他随手翻了翻桌上的小本，上面工整地记着“四个道口、八座桥梁、二十二个涵洞”，以及哪里耕牛多、哪里水田多、哪里甘蔗地多，等等。还剩一页，小本就记满了。

前一天，他刚到时，老葛告诉他：“我们警区马上就要修建一个厕所了。你先用村里的公共厕所吧。”他迅速套上衣服，一路小跑，到了百米开外的公共厕所。从嘴里哈出的团团白气让他意识到温度极低。

这是一个红砖砌成的简易厕所，顶上盖着厚厚的稻草。推开木门，一股恶臭使他不得不退了回来。他屏住呼吸，再一次去推门。

“怎么没亮灯？”他心里犯着嘀咕。于是，他就去搜寻用来开灯的线。“找到了！”一阵窃喜过后，他连拉带扯却没有丝毫反应，头顶上那黑乎乎的灯泡依旧悬在那儿。他有些丧气，点了根烟，借着忽明忽暗的烟头发出的光亮蹲了下去，心里波涛翻滚。

二

就在半年前，他回到了自己的老家龙州。列车驶过依旧宏伟的龙州铁桥时，他兴奋极了。他想起了小时候在江里抱着大轮胎游泳时的情景。清凉的江水总是温柔地轻抚着他。而现在，他的爷爷、姥爷、爸爸、妈妈应该早就在站台上迎接他了，他们都在铁路上辛勤耕耘了一辈子。

对他来说，回来之后一切都是好的，包括前途。在上海的四年学习生活并没有让他爱上这个光怪陆离的大都市。那儿的确很好，但终究不是他的家。在那儿，他只是一个异乡客，尽管有大公司愿意与他签约。

毕业了，他是班上唯一一个当上警察的学生。在老师和同学们眼里，他的一举一动都有了“警察范儿”。

选择回来做一名铁路警察，对他来说是值得骄傲的，因为他和铁路离得更近了。他不再只是一个铁路子弟，而是成为了一名真正意义上的铁路职工。他可以和他的爷爷、姥爷、爸爸、妈妈有更多的共同话题，让他们认为他已经长大成人了。

到铁路公安局报到的那天，那满院子的苍翠树木让他觉得未来有着无限的可能。警服发到手之后，他欢呼雀跃，恨不得立马穿上警服，威武地走在车水马龙的大街上。

三

几个月的培训过后，他被分到一个叫“松蒲”的小站当驻站民警。已是秋末冬初，他提着简单的行李，登上了从松蒲经过的列车。沿途的风景没有能够将他内心的各种情绪抚平。来之前，他听其他民警说，驻站是清苦的。他无法预知自己将要到达的地方是什么样子。

临近傍晚时，松蒲站到了。站牌矗立在站台上，上面用大大的黑字写着“松蒲站”。一位老民警长久地站立在站牌边等候着他。他向身后望了望，车门已经关上了。或许，整趟列车只有他一个人下车。

他眼前的这位老民警，脸膛黝黑发亮，头发已经斑白，看上去已经到了知天命的年龄。一身洁净笔挺的警服穿在他身上，没有一丝褶皱。

老民警对他说：“就叫我‘老葛’吧。”

老葛说他在松蒲站待了六年，这是第七个年头。“就在这里?”他觉得很不可思议。这个坐落在山野中的小站被群山环抱着，罕有人迹。

稀稀落落的几个农人站在远处的田里，还有几头他在上海无论如何都见不着的水牛。

警区有两三间灰色顶、灰色墙面的砖房，外加一个天井。天井的正中间有一棵老桂树，残留下来的嫩黄色花瓣散发出一股甜甜的香气。一只公鸡安静地蹲在角落里看着他，眼神深邃。老葛和他睡在一个房间，两张床对着。老葛已经把床替他铺好了。他看着这一切，想到自己最初坐火车从上海回来时在心里勾画出的美好景象，只觉得惘然若失。

四

“老葛，你在松蒲孤独吗?”他没敢正视老葛。

“你来了，我怎么会孤独?”老葛平静地微笑着说，“每天有做不完的事，哪有时间考虑这个！你们年轻人恐怕得慢慢适应哟!”

“整日地巡线——看到耕牛上道要赶，发现行人过铁道要劝，遇到偷盗铁路器材和铁路运输物资的要打击，还有那么多桥梁、隧道、涵洞要巡视。到了村民家，要和村民拉拉家常，最后言归正传，跟他们说说铁路安全常识，一天就这么乐呵呵地过去了。”老葛点上烟，抽了一口，显得平和而知足，“这不，一过就是六七年，挺快的嘛!”

“是挺快的……”一时间，他竟然不知道该接什么话了。

“驻站、巡线是枯燥的，但这里面的学问可深了，不像想象的那么简单。你们大学生脑子灵光、见多识广，会慢慢适应的。”老葛的话显得有些高深莫测。

老葛下意识地看了看表：“你先休息一下。学生快放学了，我得到道口去看看。”说着，老葛站起身来，独自朝远处走去。

他试图跟上去，但又觉得自己并不能马上与这里的一切融合。只是，老葛方才的一席话对他那原本失落的情绪产生了巨大的冲击。然而，路途上的劳顿让他感到十分困乏。于是，他便走到里屋，蒙上被子睡了。过了很长一段时间，他隐约感觉到有脚步声在天井中响起，还伴有手电筒的光束。他从枕边摸出手机一看，已经是夜里十一点了。

这时，老葛进来了，带着淡淡的花香和寒气。他佯装睡着了。老葛坐到桌前，从抽屉里拿出一副老花镜戴上，然后打着手电认真地在一个小本子上记着什么。记完之后，老葛小心地调试了一下挂在墙上的通信电缆防盗报警定位仪。他脱下警服，叠好……

五

如果没记错的话，老葛应该是十二点之后才睡下的……

想到这儿，他的手指被燃尽的烟头烫到了，他的思绪被打断了。推门从厕所里走出来，他的鼻腔舒服多了，充满了青草和泥土的味道。

天彻底亮了。僻静的松蒲站那小小的水泥平台上，老葛正在向他挥手。

他忽然想起培训时老师曾经说过，所谓的“机车摆渡”，就是列车行驶至无电区之前的站点时，在原来的电力机车前端加挂一台内燃机车。在整个无电区间内，靠内燃机车来带动列车前进。

老葛不就是那台内燃机车吗？

就这样去摆渡，十年、二十年、三十年……时间还长得很。他相信，寂寞和辛劳过后，总有一天他会实现自己追求的目标。

于是，他整了整警服，朝站台上跑去。

渔夫与特警

龚明仁抓起一个煮熟的白贝送进嘴里，咸咸的，又有点儿海鲜的甜味，没有腥臭味。打女儿龚曼小时候起，龚明仁就经常带着她在海里抓鱼、虾、蟹、贝。可以说，龚曼是伴着这些小鱼、小虾长大的。

时间不知不觉地过去了。长大以后，龚曼独自离家求学，成了一名特警，没有时间在这个小岛上陪着父亲了。

想到这儿，龚明仁又拿起手机，拨了龚曼的手机号……

老婆从屋后无声地绕进来，轻声说："回来了！"龚明仁回答说："回来了！"

再过几天就是大年三十了，龚明仁打算暂时不出海了。天冷了，连他这样的捕鱼能手都捕不了多少鱼了。

龚明仁十几岁就上船当伙夫了。每次捕鱼之前，他都会爬到张着风帆的桅杆顶上瞭望远方，寻找鱼群的踪迹。几年后，他就能独自掌舵、架橹，出没在波涛之中了。后来，龚明仁加入了渔业队，被推举为“网船老大”，工分比其他渔民多一半。二十世纪八十年代，村里有许多渔民外出经商，可是龚明仁已经习惯了捕鱼，年纪也大了，不可能再改行做其他事了。于是，他便留在了渔业队里。二十世纪九十年代，渔业队解体了，他又到私人船队去谋生，不再像以往那样意气风发了。

老婆转过身去，盛了一碗米饭，然后坐下来说：“龚曼还没有信儿？给她挂个电话吧！”

龚明仁出去打电话了，不一会儿又回来了，说：“又没接。”

女儿龚曼去了广州以后，已经两三天没有消息了。他说：“给他们领导挂一个电话吧！”老婆打完电话回来说：“还是忙，说让龚曼换班时打电话回来。你先别急，去年她不是也有几天没顾上打电话嘛！”

他说：“这次不同，她平安无事才好。”

老婆问：“怎样不同呢？”

他说：“你不懂。”老婆没有理他，而是端过来芥蓝菜，还要给他添一碗饭。他心中有事，放下了筷子：“龚曼总寻思着给家里寄钱，每个月都是这个时候寄。我倒不是惦记那点儿钱，就是想知道她是否平安。”说着，他又出去拨电话了。这时，龚玲、龚倩、龚敬、龚良——龚曼的四个弟弟、妹妹都放学回家了。

龚玲上高中，平时跟龚曼联系得最紧密。龚明仁一看到她，心里就松快了。龚玲问爹爹出海是否顺利，又说第二天要交下学期的课本费。龚明仁耐着性子问：“你姐有消息吗？”龚玲说：“没有。龚曼那么大的人了，忙起来不打电话，也在情理之中。队领导说没事，那就是没事，他不会骗人的。”龚明仁想，还是要听到龚曼的声音才牢靠。

当晚，龚明仁明知道不该喝酒，可还是喝了大半瓶米酒。他想着女儿，不知她到底如何了，越想越怕，大汗淋漓地趴在了桌上。睡梦里，他见到了汹涌的人群，人群中有熊熊的烈火在燃烧。女儿在混乱的人群中，慢慢地变得模糊了。他身在火焰中，却不觉得疼。原来，被烧伤的不是他龚明仁，而是他的女儿龚曼……

醒来时，龚明仁给女儿打了个电话。电话的彩铃没有变，是可爱的童声“你好，我的主人现在很忙，我帮你叫她……”。但是，直到电话挂断，电话里的娃娃也没能帮龚明仁叫来“主人”。

他每天都在打电话，可是每次都没有人接，只有铃声里的那个娃娃热情地替女儿讲话。龚明仁心跳加速，吃不下饭了。

他对老婆说；“你女儿别是工作太累，生病了吧。”老婆正在腊鱼，看了一眼龚明仁，说：“不能。”

晚饭时，老婆故意提起，等女儿过年回家时，让她教她爹几套拳法。可是，龚明仁还是担心女儿会出事。

他又打电话给队领导，还是没人接。等到大年二十八上午，他又打了女儿的手机，结果是关机。他怕老婆看出他的心事，便一个人骑着摩托车去了镇上。街上有许多店铺都关了门，他坐在了自己徒弟开的饭店门口。徒弟上前倒茶，他抽着烟，一言不发。他几天没刮胡子了，头发也很脏，身上穿着发黄的白衬衫。徒弟见他心事重重，便与他聊起天来。龚明仁无论如何都不想提女儿的事，便说女儿做特警，工作很忙，过年也不一定回家。说着说着，他自己就信了。到了下午五点多钟，陆续有人到店里吃饭了。于是，徒弟便起身回厨房了。龚明仁呷了一口茶，然后骑着摩托车回家去了。

第二天，他戴上手表，提着两条腊黄鱼，坐着长途汽车去了广州。车上乘客不多，司机把车开得飞快，像要冲向敌人的堡垒。龚明仁花五块钱买了一桶“老坛酸菜牛肉面”，在泡面的香味中沉思着。车窗外下着冷雨，高高低低的树木一闪而过。他当了几十年渔夫，头一回坐长途汽车出远门。临行前，他穿上了新鞋、新袜子——这是规矩。

坐在前面的乘客正在用手机播放歌曲：“我在过马路，你在哪里……”他想，等见到了龚曼，一定让她用手机放一些老歌来听。可又一想，等见到了她，就用不着替她担心了，何必再用听歌来缓解情绪呢？在摇晃的长途汽车上，龚明仁半睡半醒。突然，车子颠簸了一下，把他惊醒了。刺骨的寒风顺着车窗玻璃的缝隙吹了进来，他把手揣进了上衣口袋。在他的印象中，南方的冬天不应该这么冷。车上传来了广播声：“受贝加尔湖地区强烈冷空气的影响……五十年来未见……”

到了广东境内，公路边的树木逐渐减少了。龚明仁靠在车窗旁，时睡时醒。天色微亮，龚明仁随着司机的吆喝声抖擞了一下精神，然后穿鞋、提包、拎鱼。大年三十了，车外刮着寒风、下着冷雨，背着蛇皮袋的人们行色匆匆。路线是早就查好了的，目的地是广州火车站——龚曼工作的地方。他按照地图找过去，却不见公共汽车站。听一个卖水果的老太太说，车站早就换地方了。气温低得很，龚明仁打了个寒战，在心里念叨，一定要找到女儿，让她回家过年。

找到广州火车站时，已经是下午了。龚明仁被眼前的景象吓了一跳：站前广场上密密麻麻地挤满了人，时不时地发出海啸般的声音。广场的大屏幕上滚动着“近日天气恶劣，列车延误。请旅客们在当地过年，可以在十天内前往各退票点全额退票”。

他没有带伞，如注的冷雨顺着他的脸打湿了他那浓密的胡楂儿。他伫立在站前广场上，根本无法向车站里挪动一步。

一下子，他整个人都瘫软了，心想：“龚曼，你到底在哪儿？你咋连你爹都不要了呢？”

这时，几个穿着黑色制服、拿着喇叭的男子围了过来。龚明仁觉得这身衣服很眼熟，女儿在队里训练时穿的就是这样的衣服。“衡阳、岳阳……这边，慢慢走……”那几个“黑衣人”一边用小喇叭大声宣传，一边疏导着人流。

雨下个不停，人流不断地从四面八方涌入——刚刚放入一批，紧接着又来了一批。急于返乡的人们情绪十分激动：“你们凭什么不让我们回家？一点儿同情心都没有！”

龚明仁突然心疼起女儿来——龚曼此时是不是也做着这样的工作？

只见一个浑身湿透的“黑衣人”坐在栏杆上，面色苍白，一副疲惫的样子。

龚明仁连忙小跑着凑了过去：“你好！你认识龚曼吗？”

“嗯……”

还没等那个人再开口，龚明仁便补充说：“我是龚曼的爹，我来找她。”

“黑衣人”叫翟旻，是龚曼的同事，已经在广州火车站连续工作了六天。可能是因为身上的制服单薄，他不停地打哆嗦，说话有些含糊不清：“龚曼她病了……重感冒，发低烧，二十七个小时没合眼了。队长让她休息，她不肯。几天了，一直是这样……”

龚明仁心急火燎地自言自语道：“这女娃子，咋不怕死呢？”

翟旻说：“她还在广场的中央区域。叔叔，您是进不去的！我先带您吃饭去吧！”

他只觉得心头一震，半晌才回过神儿来。得知了女儿的下落，他心里踏实多了，最起码女儿是安全的。他有些迟钝地说：“麻烦你……帮我照看一下她……感谢你！待会儿……我就赶夜车回去了。”说着，他把腊黄鱼塞给了翟旻。

龚明仁回头望了望车站广场，成千上万的旅客组成的人流拥向站内。

知道女儿就在车站里，龚明仁安下心来，慢慢地向公交车站的方向走去。这个见过了惊涛骇浪的渔夫，眼眶里的泪水如海水般酸涩……

回家的路上，他梦见龚曼拉着他的手奔向村里的小沙滩，去海里踏浪。她站在及腰的海水里，被海浪扑倒了，又站起来……

醒来后，他浑身轻松了许多。“过年了！”他这样想着，又像捕鱼归来时那样意气风发了。

一个刑警队长的理想生活

明天黄大冰就要辞职了。不，是今天。他决定跟刘处长说的理由是：父亲中风了，他想回老家去照顾一段时间。当然，刘处长可能会反驳："为什么不把你父亲接到市里来照顾?"那么，黄大冰可以说："我父亲是农民，从来没离开过土地，不愿意出远门。"刘处长又会说："好吧，你可以回老家，但不用辞职嘛！调到离家最近的单位不就行了嘛!"

黄大冰想到这里，卡住了——不好，这个理由不好，跟上次想到的那个理由一样糟（上次的理由是"考公安大学的研究生，充实自己"）。糟糕的理由还有：想生二胎、想跟亲戚一块儿做生意、想做私家侦探……这些理由都经不起推敲，刘处长抬起一根手指头就能把它们像烟灰一样弹回去。

当然，他可以选择诚实，老老实实地说出他辞职的真正理由，但他不太赞同自己的那个理由。一个公务员辞职，什么理由最恰当呢？况且，他可不是一般的公务员，他是中央国家机关的公务员，是刑警队的队长。

好在黄大冰不是真的要辞职，他只是最近陷入了一种苦闷的状态。苦闷的直接导火索是副大队长林小默的儿子变成了混混。那天晚上在县城办完案，林小默请黄大冰在县派出所旁边的烤串摊吃了顿消夜。几罐"百威"啤酒下肚，林小默有些犯晕，伸出手指头，冲着黄大冰比画："冰子，你算算，我一年出差多少天？怎么也有二百多天吧！"黄大冰把林小默的手从眼前扒拉开，猛地伸出三根手指头："三百！"

"瞧，你算错了！我儿子——你见过！个头儿比我还高，读初二。人家现在是学校里有名的'扛霸子（黑话，指不良少年）'。"林小默说着，又喝了一罐啤酒。

这时，电话铃响了。

打电话的是林小默的爱人："你儿子又不知道跑到哪儿去了，十一点了还没回家。我的钱包里今天又少了二百块钱，你管不管？"

"知道了。先这样，挂了。"林小默皱了皱眉，仰头把冰冷的"百威"啤酒往嘴里倒。

"咱们俩一块儿进的刑警队，一干就是十七年。这十七年，破了多少大案，抓了多少犯罪嫌疑人啊！可是，我现在连自己的儿子都管不了！"林小默递给黄大冰一支烟，自己也点了一支，大口地吸起来。

远处，黑漆漆的江边有几艘小船，三角形的灯火倒映在江中。黄大冰拍了拍林小默的肩膀，让他继续往下说。

"他先是成天泡在网吧里，老师三天两头地给他妈妈打电话。她毕竟是女人，总是宠着儿子，回家教训几句就完事。后来，发展到了打架、偷钱，我就扇他耳光。那小子直勾勾地瞪着我，瞪得我心寒！上周，我到他们学校的保卫处去了一趟。据说，上课时门卫不让他出校门，他叫来外校的混混把门卫师傅给打了。混账！”他连续喝了几大口啤酒，试图缓解痛苦，“我四处办案，全力以赴，认为这是最重要的事。可是，我却离这个家越来越远了。如果再让我选择一次，我宁可永远不出差，一直陪着家人。”

接着，林小默涨红着脸，凑近黄大冰，大喊着：

“四处游荡，无家可归！”

……

黄大冰回想着那天晚上林小默的话，不知不觉地走到了公安局的大院门口。

几年前，他奉命在云南追击一个杀人犯。当时，上级下达的命令是：没有线索，不许回来。整整五个月，儿子未满百日他就出了门，回到家时儿子已经会爬了。十七年了，侦办过的案子历历在目，而老婆和儿子的脸却越来越模糊。

必须辞职！

公积金、养老保险，一概抛到脑后！

可是，这份工作把他牢牢地限制住了：日夜颠倒，饿了才吃；说走就走，归期难定。家人聚会的时候，他因为要办案，不能去。孩子的学校组织亲子活动，他因为要办案，不能去。老婆想去海边玩儿几天，他也去不了……

辞职后，他就可以按照自己的意愿分配时间了，并且可以自己决定什么时候吃饭、什么时候睡觉、什么时候去接儿子、什么时候陪老婆逛超市……

黄大冰第一次这样认真地憧憬着未来的生活。

车站派出所的吴所长打来了电话：“黄大队长，你不在队里？”

“嗯。”他从鼻子里哼了一声。

“请到候车室来一下！同行的三男两女和一个小孩儿，其中有一名妇女和一个小孩儿可能是外籍人员。”

黄大冰心里一惊：“拐卖!”

这时，他意识到，理想只不过是一个无限大的偶数，除以二之后还可以除以二。

到了派出所，经过进一步审查，发现其中一名妇女和一个小孩儿是越南人，是被另外四个人拐卖到这里的。

那名妇女牵着孩子，几近崩溃，拼命摇着黄大冰的手。她脚上的塑料拖鞋断了，证明她曾经试图逃跑。

黄大冰与办案民警一起将这名被拐卖的妇女和这个孩子送到了出入境管理中心，并且从车里拿出了一双他老婆的运动鞋，给那名越南妇女穿上了。那名妇女穿上鞋之后，连声道谢。

黄大冰笑了笑，边走边说：“不用谢!”

在许多受害人心中，他是个悬壶济世的英雄。而现在，他所勾勒出来的理想生活竟然如此平凡……

这时，黄大冰突然明白了，当了十七年刑警，是不可能退回到原点的。

“什么才是理想的生活？无米煮，煮泥沙；无床睡，睡天下……”黄大冰时常会这样想。

于是，他拨通了妻子的电话：“明天我休假，咱们带儿子去海边!”

散文卷

当我不必远行

初秋，在一个温暖的午后，我照例来到月台上接车。这是从南宁开往上海的旅客列车，我再熟悉不过了。就在几个月前，我即将毕业的时候，它变更了车次，不在苏州和无锡停车了，开车的时间也由午夜变成了午后。

往年的此时，站在车窗前渴望留下的是我——月台上站着我的父母。母亲总是在车子开动的一刹那轻轻地擦拭泪水。为了完成学业，我孤零零地一个人，任由火车将我运到陌生的城市。如今，我穿上了厚实的警服，拿着“站车交接本”，望着火车缓缓地驶出了站台。厚重的钢轮轧过铁轨，发出阵阵响声，伴我度过了无数个不眠之夜。此刻，我站在白色安全线内静候着，心如止水。

白光闪过之后，列车进站了，平稳地停在了我的面前。候车室“放客”了，旅客们像洪水一样拥了出来。从我身边匆匆经过的旅客，提着五颜六色的行李箱，按照车票寻找着车厢。站在我身旁的一群年轻人热烈地相互拥抱着，说笑声不断。推着车售卖盒饭、鸡腿的售货员，已不像列车进站前那般悠闲，正忙着给身边的旅客拿食品。

与乘警交接完之后，我在月台上认真地巡视着。眼前的一切，像赶圩一样热闹。开车的铃声响起来，先前那群年轻人中的几个人极不情愿地上了车。他们中的一个瘦高的男人痛苦地把脸贴在车窗上。也许是分别时喝了些酒，他面颊涨红地流着泪。还有人从车上默默地看着车下的朋友，手掌紧贴着车窗，掌纹依稀可见。下面的人，有的用双手捂着脸，有的就这样和车上的人相互注视着，直到车上的人跑到还未关闭的车门旁边大喊："上车啊，陪我们坐到桂林也好！"

我站在那儿，庆幸自己还在这个月台上。车子缓缓地开动了，我低头看了看从我面前滚过的一个个厚重的钢轮，又抬头看了看从我面前闪过的一张张表情各异的脸庞，然后目送着列车离开月台，驶向被草茎遮住的远方。就在准备离开月台的时候，我看到了一对母女。相互依偎着的两个人哭着走了过来，哽咽声清晰可闻。妻子的丈夫、女儿的父亲此时想必已经很平和地坐在了列车的座位上，望着窗外的农舍、植物，想着妻女的好。他有可能很快就进入了甜美的梦乡，醒来时的绿色军营会让他重新振奋起来，慢慢地忘记离别的伤痛。那一群年轻人呢，也许已经在车上喝起了啤酒，享受着和友人在一起的美好时光。

我在月台上看风景，看风景的人在车上看我。有些人一辈子都在远行，但始终忘不了家乡的月台。

牛仔·有点儿痛

那是上高中时的一些事情了，现在又挖出来说，实属偶然。既然想说，就说出来给和我一样有些叛逆的大孩子们听听吧。

那时，我非常喜欢穿牛仔裤，拥有多款牛仔裤，可是，几乎没有能留下来的。高三时流行“哈韩”装扮，宽大的、不合体的牛仔裤成了众多年轻人的新宠。这种牛仔裤通常被大人们称作“肥佬裤”，我父母则认为那是重量级人物穿的，女孩儿穿上简直是不成体统。可是，我那时偏偏特别钟爱这种肥大的牛仔裤，像着了魔似的。在高三那么紧张的时候，我都会在中午跑出去遛马路、淘衣服。印象中，我最喜欢去的一家小店叫“古着店”，里面的衣服大多是符合当时的“哈韩”潮流的，“肥佬裤”必定少不了，而且几乎每隔两天就会有新款到货。所以，我时常会去那里瞄一瞄新到的款型。这些牛仔裤每条都标价150元左右，这对于当学生的我来说，实在是价格不菲。妈妈给的零用钱，我几乎都用来买牛仔裤了。现在想起来，真怀疑那时自己有“嗜裤癖”，要不怎么会那么喜欢买牛仔裤呢？那家店真该为我颁发“最佳 VIP”奖状。

好在那时我们学校是不要求整天穿校服的，只有在星期一升国旗的时候才要求穿。这样，其他日子就可以穿自己想穿的衣服了。但是，也不是想穿什么就可以穿什么，因为学校规定不能穿奇装异服上学。宽大的牛仔裤基本上属于学校禁穿的类型，只不过穿的人多了，老师就睁一只眼、闭一只眼了。于是，高三有一段时间，我是把双腿装进“大灯笼”里的。那时，我觉得自己穿着它有模有样，甚至有点儿酷。不过，这些逍遥的事都发生在我住校的那段时间。高三下半学期，父母看到我的成绩一落千丈，便在某月的某天让当警察的舅舅把我宿舍里的东西通通运回了家——我的潇洒生活就此结束了。

回到家没两天，父母就开始看我不顺眼了，这是因为我上学时照旧穿着“肥佬裤”。母亲说：“穿这么肥的裤子，老师会怎么看？同学会怎么看？”父亲说：“这会给学校造成不好的影响。”我真的没想到牛仔裤的影响力会如此之大，波及的范围会如此之广。然而，我并没有把他们的话当回事。终于有一天，母亲开完家长会回到家，以我的年级排名太差为由，像火山爆发一样，将我抽屉里的宽大牛仔裤用剪刀给剪烂了。我拦也拦不住，毕竟有父亲在旁边帮忙。最后，连我身上穿的那条牛仔裤都被当场剪开了一个大口子。面对地上那些被剪坏的牛仔裤，我的心都要碎了。说这些，并不是要埋怨我的父母，毕竟他们是为了我好。可是，当时我是不能接受他们的这种教育方式的。现在说起来，连父亲都觉得当时他们的行为确实是过激了。

可笑的是，那时我并没有把剪坏的牛仔裤都扔到垃圾桶里，而是把“伤势不算太严重的”送到裁缝店铺里，让裁缝师傅帮我改成了夏天穿的七分裤。高考结束后，有一天，母亲下班回家，拿了两条裤子回来。我一看，竟是我的“肥佬牛仔”。原来，“剪刀浩劫”时，母亲并没有将它们全部剪烂，而是把其中的两条放到办公室了，想等高考结束后再还给我。看到那两条裤子，我心里竟有种说不出的感动。可随后穿在身上，我不知怎的，竟觉得十分不和谐，甚至有些滑稽丑陋——难道是我的裤子走形了？母亲笑了笑说："是你的审美观变了。"我把牛仔裤脱下来，让母亲帮我处理掉，送给能穿它的人。过了几天，母亲回来说："你的那两条裤子，收破烂的都不要。"原来，她把裤子白送给了一个到他们单位收废旧报纸的人。给的时候，那人犹豫了好一阵子：拿回家去，老大、老二、老三都穿不了，只有改成麻袋装报纸了……

一晃，我都是上班的人了。下了班，我在地铁上还是会经常看到"哈韩"、"哈日"的学生们背着"木村井鸿"的大书包，穿着宽大或紧腿的牛仔裤。看着他们，我还是会有些"小羡慕"——我已经老了，后来者跟上！

铁路地区

住在这儿，已经二十多年了。蓝天、白云、阳光——与其他地区相比，没有什么别样之处。几条马路、几个小区、几所学校、几家店铺，简简单单地就凑成了一个“铁路地区”。

刚出生时，当我在铁路医院发出第一声啼哭的时候，我就注定是个土生土长的“铁路子弟”了。从小到大，我上的都是带“铁”字的学校。搬了两回家，我却始终在这个不大的圈子里悠然徘徊。我的父母是双职工，单位离家很近，步行片刻即到。走过一座铁板桥，闻到桂花、玉兰的香味时，父母单位的大院便在眼前了。经过了半个多世纪之久，大院的一切都显得安宁、沉稳。每一棵粗壮的植物，纹理、缝隙间都镶嵌着历史。朱红色的办公楼陈而不旧，喷水池里的蛙声绕耳回旋。我在小学时代，每天放学后都会和伙伴们一起到大院里来，甜甜地向门卫大爷问好之后，便开始在院子深处玩耍嬉闹。我最喜欢采摘野草莓——蹲在草地上来回翻找红色的果实，累了便伏在石桌上，打开画有孙悟空的铁皮铅笔盒，拿出封面上印有“热爱祖国”字样的本子写作业。偶尔，我会在饭后和父母来到大院里散步，一圈、两圈、三圈……近乎贪婪地呼吸着这儿的氧气。

在一个地方待久了，身上会沾染这个地方的气息，以致到了别处会自然而然地产生些许不适。因此，我不喜欢到城市里去。看到大街上密集的人群，我会忽然开始依恋自己生活的这个不大不小的区域，因为在那里可以倾听偶尔响起的火车汽笛声。

清晨，会有一些老人在这个地区那并不宽阔的马路上跑步，穿着孙辈们淘汰下来的校服，精神十分饱满。我也时常会早起，睡眼蒙眬地去攀登这个地区唯一的一座山。山上的退休老职工欣喜地谈论着增加退休金的事情。当过各站段文艺骨干的老阿婆，嗓音清脆、甜润地唱着山歌。记得我的爷爷从退休的第一天起，每天在天色还很浓重的时候就出门登山了。那时候，我还很小，睡在爷爷家大屋里的大床上。每天早上，我都很不情愿地被爷爷唤醒，木头木脑地跟着爷爷呼哧呼哧地爬到山顶，嗅着山间石块、草木、泥土的清香。那一刻，我的脑子会突然清醒过来。当我神气地往山下走，看到辛苦地往上爬的人们时，会有种莫名的成就感。有一次，贪玩的我爬到了一个很陡的地方。爷爷担心我摔跤，连忙爬上去保护我，结果自己从坡上滚了下来。打那以后，爷爷就再也没有登过山。

在这个地区，早晨上班是最为热闹的时候。小小的铁板桥上车水马龙，大家有条不紊地做着自己的事情。铁路公寓里卖的肉包子、小区门口卖的油条，还有米粉、馄饨，都是这个地区的人们钟爱的早点。晨练回来的老人，大多喜欢买上一斤软软的手工米粉，回家在开水中轻轻一捞，再浇上做好的番茄肉末汤，别提多好吃了。

中午的时候，这里的人们同样是忙碌而充实的。铁路职工们陆陆续续地从大院里走了出来。他们中有的人干脆到铁路招待所解决午餐问题，而有的人则为了保证还在念书的孩子的营养，到附近的菜市场买些新鲜的肉、蛋、蔬菜回家去做。放学的小孩子们倒是自由自在，早就在学校门口买豆腐、马铃薯充饥了。直到午休之后，铁路地区才恢复了宁静。

傍晚，铁路职工们又从大门里陆续走了出来。比起中午来，他们的脚步“优哉”了许多。因为招待所不提供晚餐，所以大多数职工都回家吃饭。有的职工不慌不忙地到卤味店买些现成的肉食，而有的职工则到早已退休但身体依然硬朗的父母家中去蹭饭。几代铁路人围坐在桌旁，吃上一顿并不算丰盛的晚餐，其乐融融。饭后，他们在小区的院子里散步，仍然能闻到别人家饭菜的香气。铁路文化宫内灯火通明，跳健身操的职工家属们随着音乐摆动着身体。踩着滑板车的儿童在院子里畅通无阻，从散步的人们身边飞驰而过。小区外语班的孩子们刚下课便在花坛旁边叫喊、打闹，就连在楼上收看铁路新闻的人都会被这响亮的童声打断思绪。大人们则绕着院子散步，三五成群地聊着在他们看来比较重大的新闻。

夜愈来愈深了，散步的人们都回家去了，孩子们也睡觉去了。喝一杯来自铁路奶牛场的新鲜牛奶，穿上柔软的睡衣，置身于充满阳光气味的被子里，真是舒服极了！然后，慵懒地看上几页书，再调好闹钟，这一天就算是圆满地过去了。

一转眼，铁路局南迁已经三年多了。但是，无论搬到哪儿，我们都不会忘记那个安宁、祥和的铁路地区。铁板桥上依旧车水马龙，早点摊上的早点依旧冒着热腾腾的蒸气，大人们依旧在院子里散步，孩子们依旧在叫、在笑……

赶圩记

到拔贡镇赶圩，还是头一次。我们从金城江坐一个多小时的汽车，风尘仆仆地赶到拔贡镇时，集市上还不是很热闹。几个卖土鸡的老人为了抢占有利位置，干脆先将十几只鸡笼一字排开。我们的汽车没法往前开，只好绕道过去，停在了一个农村信用社的门前。

镇附近有两个屯，一个叫“拉白备”，另一个叫“肯仇”，念起来都有些拗口，想必是当地的土话。田边的土路上，迅疾地走着两三个提着花布袋子的妇女。几名男子骑着崭新的摩托车向集市的方向飞快地驶去。为了赶圩，一些住得很远的人不惜花上几个钟头来到这里，只为了吃上一碗米粉，或是买一些肥皂、鞋垫等日常用品。

中午十一点左右，炸“油堆”的吱吱声伴随着“浙江、上海名牌羊毛衫买二送一”的喇叭声，使得不到一百米的集市上热闹了起来。几个米粉摊紧挨着卖猪肉的摊位。加汤、放肉、下粉，老板熟练地将煮好的米粉倒入了盛有酱油和葱末的碗中。流着鼻涕的小孩儿坐在矮凳上吃得津津有味，眼看着几根长长的米粉就钻进了嘴里。卖农具的年轻小伙子不知从哪儿扛来了一对大音箱，以最大的分贝放着时下的一些三流歌手唱的让人感到肉麻的情歌。几个中学生叽叽喳喳地围在卖明星海报的地摊前，爱不释手地挑选着，寻思着该贴到家里的哪一面墙上。

生意最好的要算卖点心的夫妻俩了。男人坐在一辆三轮摩托车上，用一个透明的玻璃箱盛满了夹着白色奶油的饼干、裹着白糖的“兰花根”和炸得白胖胖的“麻通”。女人麻利地用夹子将各式点心装袋，然后笑盈盈地收钱。眼看就要过年了，这些二十世纪八九十年代在城里风靡过的年货依旧是当下农村过年时主要的休闲食品。这不，你称几斤，他称几斤，没过多一会儿就卖了大半箱。服装摊位的生意就显得冷清多了，挂得十分齐整的夹克、棉服很少有人问津，尽管衣服上绣着山寨版的国际大牌标志。

我们的午饭就在集市上的一个卖米粉兼卖小炒的摊位上解决了。老板给我们炒了一大盆回锅肉，外加一盆绿油油的小白菜。我们端着吃米粉时才用的大碗，舀一满勺饭，再加上两勺菜，完全不顾及形象地吃了起来。用芹菜、蒜苗炒出的回锅肉浓香四溢，新鲜、爽口的小白菜在城里是吃不到的。两盆菜一会儿就被扫了个精光，连最后一点儿肉汤都被同事打了包。

记得十年前，我回山东老家小住，恰逢赶集的日子。我和表姐春丽一路飞跑，路过大舅的砖窑，看到三姥爷穿着白汗衫站在窑顶笑着。我们挤进集市里的人群，一人买了一个黄澄澄的甜玉米棒，手拉着手，边走边看热闹。三姥姥在后面操着浓重的山东乡音叫着我的名字，好不容易才追了上来。我们跟着她扯了块花布，称了斤酱驴肉，还买了两张《开心鬼》的盗版碟。那时的我真的很开心，那时的情景真的让我难以忘怀。

我永远怀念那时的集市，怀念我的故乡。

强迫症

我有个很要好的朋友，因怀疑自己患上了强迫症而十分苦恼。她在向我诉说时提到，她每次开车回到家，将车门锁好之后，都会反复去拉门把手，生怕自己没有把车门锁好。上楼之后，她甚至也会折回去检查一下车门，看是否确实锁好了——如此反复，直到筋疲力尽之时。诸如此类的事情还有很多，但是我实在不知道该如何去劝慰她。慢慢地，我觉得自己好像也患上了“强迫症”。

我有个习惯，每天清晨去登山。冬天，被窝里暖得很，窗外还是一片漆黑。闹钟一响，无论眼睛合得有多紧，我都会强迫自己睁开，马上起床登山，然后去上班。身边的人们常常会觉得纳闷——每天工作那么累，哪儿来的干劲儿晨练？就连父亲都很是不解。即使是下雨天，我也会穿上雨衣，照样出门。其实，我并不是不困，谁不愿意靠在软绵绵的枕头上多睡一会儿呀！只是，有时候强迫自己做一些困难的事，会受益终身。

记得我上大学的时候，每个新学年开始时，我都会看见一些新生轻松地拎着小包、挎着相机在校园里东张西望。大学四年，难不成他们只带了这么一丁点儿东西？再往后瞧，会看见一些脊背弯曲、头发斑白的家长拖着大箱小箱，气喘吁吁地跟在后面。这种情形让我想起了自己刚上大学的时候，父亲因为工作忙而不能送我，只能让母亲一个人陪着我千里迢迢地赶到苏州去。我的行李很多，总共有五六个大箱子。为了不让母亲累着，我包揽了大部分行李。宿舍在四楼，我让母亲在楼下看着行李，自己连拉带拖地将箱子弄上了楼，手指被重物勒出了深深的青痕。平常只要休息，我就尽可能地不让母亲为家务操劳。说实在的，谁愿意累自己呢？但是，谁忍心让年迈的父母承担这些呢？我想，“强迫自己担负起超出能力范围的重担”的这种强迫意识，每一个孩子都应该有。

有一次，我和电视台的记者朋友一起吃饭，聊起了他们台里的实习生。他们都是大学刚毕业，家庭条件十分优越。电视台的这种需要起早贪黑的工作让他们无法容忍——家里的钱够他们花一辈子，何必出来受苦？

我的一个表兄，人很善良，就是不太愿意出门，二十多岁了还没有自立。如今，他整天待在家里，过得有滋有味，可是长辈们却为他愁白了头。最后，不管家里人如何劝他，他都坚持“家里蹲”。

总之，在这些人眼里，人是可以随心所欲、为所欲为的，是可以不用去承担任何责任的。

其实，一个人想不去学习、整天玩乐，很简单；一个人想不去工作、只图清闲，很简单；一个人想不顾肥胖、放开吃喝，很简单；一个人想滥用权力、走向犯罪，很简单……这一切都是因为他没有让自己患上“强迫症”。一个懂得强迫自己的人，会在别人去玩乐的时候强迫自己看书、写字，会在没有任何人监督的时候强迫自己认真地工作。在我看来，这样的强迫都不是病，而是“活着的态度”。

“晚点未定”

其实，从苏州到上海坐火车只需要几十分钟。到了车站，我随便买了一张快车票，然后来到嘈杂的候车大厅里，和短途的旅客们坐在一块儿，平静地听着火车的鸣笛声。

我一向认为，短途的旅客是幸福的，因为他们只需夹着轻便的公文包、拿着杂志或报纸在候车大厅里稍等片刻就可以了。而那些看上去历尽艰辛的长途旅客，转车的时候就没有那么快活了。他们拖着疲惫的身躯，提着笨重的行李，愁眉苦脸、坐立不安地等着晚点的列车，甚至要在冰冷的候车大厅里坐上一宿。

坐在我周围的都是些幸福的短途旅客，大多数是去上海的。坐在我身边的是两个去苏州旅游的上海人。他们一面翻弄着刚在苏州买的土特产，一面细细地算着花费了多少钱。忽然，其中一个人发现售货员多收了他们两元五角钱，十分气恼地站起身来，准备去把多收的钱要回来。

他的同伴叮嘱他快去快回，因为火车马上就要开了。坐在我对面的一男一女，是两个老实巴交的乡下人。他们大概是从苏州购买了一些小商品，准备拿到上海去卖，而这些小商品都装在一个印有“尿素”字样的麻袋里。这两个乡下人手里握着刚买回来的热气腾腾的大白馒头，狼吞虎咽地吃着。几名儿童在父母的训斥下，极不情愿地把地上的玩具装到小书包里，做好上车的准备。还有几个戴着耳机、摇头晃脑的年轻人，愉快地打发着这短暂的“候车时光”。

然而，当原定的上车时间被“晚点未定”取代时，所有的短途旅客都受到了沉重的打击，眼神中流露出疑惑与愤怒。那个刚把两元五角钱要回来的上海人看到显示牌上的“晚点未定”时，一脸的兴奋荡然无存，浑身无力地坐在了椅子上，就像又被人多收去了两元五角钱。

这种令人不悦的情景持续了四个多小时。

旁边的两个上海人想必是肚子饿了，从苏州买的土特产成了最好的午餐。对面的那两个乡下人干脆把脚搭在了麻袋上，头靠头地打着“闷呼噜”，或许是梦见了早上吃的大白馒头。那些一个劲儿地打手机的年轻人此时安分了许多，目光呆滞地垂着头。小孩儿们倒是无所谓，早已把装好的玩具重新倒了出来，在无可奈何的父母面前继续玩耍。

天色渐渐暗了下来，大家仍然被“晚点未定”的阴影笼罩着。苏州与上海之间那短短的路程陡然变成了无法跨越的天堑，实在让人无法接受。“晚点未定”模糊了我的视线，让我突然觉得自己的前途也变得渺茫起来。就在这时，耳边响起了汽笛声——还有希望，一切都不会太迟。

隔壁院小学的香味

下了夜班，刚准备睡下，隔壁院小学的广播喇叭便响了起来。不一会儿，就传来了响亮的声音：“开学典礼马上就要开始了，请各班的小朋友们拿好板凳，有次序地……”我想，睡觉这事儿肯定泡汤了，干脆坐起来听一听吧。

这所小学和我的居所只隔了一堵红砖墙，是我的母校。六年的小学生活快乐而又短暂，给我留下了美好的回忆。如今，我从学校门前走过，发现学校已经不是从前的模样了。推着小轱辘车卖酸奶的老奶奶、做面人的老爷爷、卖画片的阿姨，似乎全都随着学校的改建而消失了。不知我小学时的恩师汤老师、黄老师退休之后是否和我一样，仍然在关注着隔壁院小学的开学典礼。

“小朋友们都做得很好，尤其是二一班、二二班……”十年了，老师们鼓励孩子的话依旧是那么清新自然。当我听到校长说“小嘴巴”，学生们异口同声地回答“闭起来”的时候，我不禁笑出了声。如果让我重新坐到操场上，把手背在凳子后面，我可能已经做不到了。

上小学的时候，在我的心里，老师是无所不知、无所不能的超人。在隔壁院坐着的小学生们一定和那时的我一样吧。现在，我长大了，但老师在我心里仍然很高大。不过，我也很明白，老师其实是平凡的人。可敬、可爱的园丁们辛勤地培育着散发着清香的“花朵”们，这难道不是平凡中的伟大吗?

平日里，我下班回家，有时会看到小学时教过我的体育老师去买菜，我便会很亲切地叫她一声。如果十年前我看到她去买菜，大概会惊讶地想：“老师是超人，怎么会去买菜呢?”

上了初中、高中、大学，我遇到了越来越多的老师，学到了越来越多新鲜的知识。虽然他们的形象并不像鲁迅先生笔下的藤野先生那样“八字须，戴着眼镜，挟着一沓大大小小的书”，但是他们像藤野先生一样敬业。有些老师很喜欢我，也很喜欢我的文字，时常给我指导和勉励。有些老师虽然不是很喜欢我这样的学生，但是也传授给了我许多宝贵的知识。感谢这些老师让我从一个“横竖不识”的孩童成长为一个“关心天下事”的大人。

听着听着，开学典礼便接近了尾声。在校长和老师们的指挥下，学生们按照要求搬着小凳子回教室上课去了。我一看表，已经快到上班时间了，便穿上警服，带着隔壁院小学那秋桂的清香，去“好好工作，天天向上”了。

到侨港镇去

被细细碎碎的事纠缠着，我不得不承认——我消失了。直到那天出发去北海，上车坐稳之后，一抬头，发现对面坐着吴画家，一脸惊诧地笑着。我竟然很欣慰，因为我还被别人记得。

吴登平是报纸的御用画家。在车上买纯净水时找不着零钱，他便随手掏出了一沓未拆封的稿费。于是，我便“阴险”地朝他挤眉弄眼。他迅速地把稿费收起来，抽出了钱包里的“大钞”。这样的善举对于歇笔良久的我是多么致命的一击啊！

坐上大巴，曾令瑶——这位头天晚上只睡了四十分钟的“大美人”又“假不正经”起来，一副大记者的模样。他跟通讯员掏心窝地聊着，还是那么神气十足，和我初见他时一样。当时，他写的评论在报纸上发表了，他的名字让我觉得他是一个言辞犀利的女子，而他一直在看我的名字跟文章，则以为我是一名年长的“留下太多岁月痕迹”的男人。

在车上，他一直举着相机拍大家的姿态和面部表情——怎么会有这样敬业的家伙？他不睡，大家也都不敢合眼，生怕一不小心被他拍到。

开会的地方在侨港镇——一个宁静的海边小镇。海水的咸腥味充溢着街道两旁的小商店和旧厂房。我背着一大堆待完成的工作资料，匆匆地打开了酒店的房门。窗外是无边无际的海水和细沙。我放下背包，趴在窗台上，用手托着腮，静静地看着远方。

好久没有看到这么美的景色了！三三两两的游客在沙滩上散步，星星点点的船只在海上漂浮不定。人们面带微笑地构建着自己的梦想。耀哥去了南昆线，胖哥凭着三寸不烂之舌把宣传工作干得有声有色，摄影家一志姐结婚了，文兄全家在凤岭安顿了下来，辉姐仍然在海边说着减肥的那些事，叶叔叔不再穿有大口袋的沙滩裤了，海军哥有了老男孩儿的味道……

两百多张面孔，无论是“玩转”文字的高手还是从未触碰过文字的新手，这个“宣传大家庭”都会友善、谦恭地开门迎接。现在，这支宣传队伍越来越壮大了，他们对我还是那么包容和爱惜，尽管我已经独自离开了很长时间。

在侨港这个海边小镇上，只有一个整晚挤满人的小电影院。我在海边的房间里重新看了一遍《天堂电影院》，找回了很多失去的记忆和最珍贵的感悟。我赤着脚走在被小螃蟹们滚成球状的细沙粒上，看到了从酒店房间里透出的灯光。他们在做什么呢？多朴实无华的人啊，铁路是他们最安稳的家！

我想，我应该写下一些文字，赠予这个大家庭的每一个成员。他们面朝大海，在海滩上留下了被浪花浸湿的脚印。现在，他们面带微笑地开始新的工作和生活，等待着春暖花开。

在铁道边喝粥的孩子

我出差到小平阳镇，在一所学校里开展“爱路、护路”宣传活动。从来宾赶到那儿，天气晴朗起来。这是一所离铁道口不远的乡村小学，学生们大多住在铁道附近的小村庄，每天上学、放学都要经过铁道口。

校长很早就在窄小的校门外等着我们了。不远处有两头耕牛，友善地甩着尾巴，发出“哞哞”的声音。孩子们还没有下课，整个校园在青山的环绕中显得十分宁静。偶尔，会有火车的汽笛声划过。校园中央有一个长满杂草、十分泥泞的小场子。校长说那儿就是操场，学生们一下课就会到那儿去活动。没过一会儿，下课铃声就响了起来。铃声很特别，让我想起了铁道口的警报声。

一群可爱的孩子从教室里跑了出来，系在脖子上的红领巾像小火炬一样跳跃着。看到学校里来了客人，他们都很兴奋，紧盯着我手中的摄像机和我旁边那些身着警服的同事。新鲜劲儿很快就过去了，孩子们一哄而散，到操场上做起了游戏。这情形让我想起了小时候，看到别人家的小孩儿有了新的玩具，我总是眼巴巴地看着。我站在学校唯一的一幢教学楼上往下看，无意中看到了几双光着的小脚，脚上裹着黄色的泥浆。我的眼前突然变得模糊了……

快到中午时，学生们放学了。我发现有很多孩子手里拿着装满淡黄色半凝固物的塑料瓶子，很认真地看着“爱路、护路宣传画”。我问校长：“孩子们的瓶子里装的是什么呀？”校长平静地说：“是从家里带来的玉米粥——他们的午饭。”我没有继续问下去，只是静静地站在孩子们身边，一句话也说不出来。这样的情形与冰心笔下《小桔灯》的片段有些相似：“我问：‘她吃过东西吗？这锅里是什么？’她笑着说：‘红薯稀饭——我们的年夜饭。’”

“这难道是巧合吗？”我不停地问自己，却始终找不到答案。

在校门口进行拍摄时，我注意到，有一个小男孩儿拿着装满玉米粥的塑料瓶在门口徘徊。他不时地望望手里的瓶子，再低头看看脚上那已经破损的塑料凉鞋。十几分钟后，他才打开瓶盖，大口大口地喝起瓶子里的粥来，显得十分满足。粥是半干半稀的，黏稠的部分很难从狭小的瓶口里倒出来。小男孩儿挤压着瓶子，头向后仰的角度越来越大，差点儿摔倒。他突然发现我一直在看他，便抱着瓶子走开了，边走边费劲地仰着脑袋喝着粥。站在一旁的教工对我说：“这个小男孩儿家里生活很困难，他爸爸因为盗窃被抓了。平时放学后，他总是等很久才喝带来的粥。他知道早喝容易肚子饿，所以才留着晚点儿喝。夏天比较热，有时候粥都馊了。”我沉默了好久，决定去追那个快要走到铁道口的孩子。追上他之后，我轻轻地问：“你是要过铁道吗？”他转过身来，点了点头，嘴角上还粘着半颗黄玉米粒。我说：“我带着你过铁道好吗？”小男孩儿又点了点头。于是，我拉着他的小手，带着他走了过去。踏过铁轨时，小男孩儿又喝了一口粥——这是最后一口了。我叮嘱他过铁道时要注意看火车，他拿着空瓶走远了。

车子开了，一群小孩子拿着装粥的瓶子跟在警车后面跑了很远。我回头望着他们，真是感慨万千。他们每天经过铁道，看到一列列火车驶向繁华的城市，会想些什么呢？

但愿这些在铁路边喝粥的孩子能有美好的未来！

你来接我

爷爷有些糊涂了，分不清我们谁是谁。他眯着眼睛蜷缩在那儿，握着渐渐变凉的“暖手宝”，半睡半醒。“尿尿！”他像小孩儿一般叫着。阿蓉把“暖手宝”重新插上电，然后赶紧去拿手推车和尿壶。

九十二岁的爷爷身体状况越来越不好，两条枯树干似的腿弯曲、僵硬，用手掰都掰不开，让人看了很心痛。爷爷不爱说话，没有表情，不再喜欢拿着放大镜看报纸，也不像以前那样大声念电视剧的台词了。奶奶在的时候，琼瑶的电视剧一部接着一部：《青青河边草》、《水云间》、《海鸥飞处彩云飞》……只要奶奶爱看，他就会冲着她的耳朵念台词。

五年过去了，性格孤僻的他似乎每天都在应付，机械地端着碗吃饭。因为患有白内障，他几乎看不清电视里播音员的脸。一看到我们吃酸的，他就会张开嘴，指指自己的嘴巴。当你把酸的东西拿给他吃时，他就像吃到了青柠檬，皱着脸，龇着牙，很快就把东西吐出来了。我每次临走时，他都会反复跟我说：“注意啊！”

过年的时候，他的子女们都从外地赶回来了。大姑大年三十晚上从南京坐飞机回来时，他拉着大姑的手，十分激动。当我们问他“谁来了”的时候，他那清澈了许多的目光又变得浑浊起来：“我好像在哪儿见过你。”

大年初一的早晨，我拿着红包准备给他拜年，发现客厅里空无一人。往年的这个时候，几个姑姑都已经坐在桌边擀皮儿、包馅儿了。我顺势往里走，只见姑姑们七手八脚地在厕所里忙活着——爷爷“又拉了”。好一阵子，姑姑们才扶着他挪动过来。爷爷换上了新棉裤，紧接着烘干机便“轰隆隆”地运转起来。他坐在客厅里，冲着三姑直说“谢谢”。我把红包递给他，他问我“这是什么”。于是，我把红包塞到他的大衣口袋里，摸了摸他的脸，用电动剃须刀帮他剃了胡子。他舒服地闭上了眼睛。

“我是谁？”我笑着问他。他抓起我的手，放在他的胡楂儿上摩挲，孩子般地咧开嘴笑：“你是我的大彦彦。”我的眼泪流了下来。我小的时候，他最喜欢把我的手放在他那还未剃净的脸上揉搓。那时候，他身体硬朗、声音洪亮，经常带我爬山、走铁桥、买“烧排”……

“爷爷，你要第一个来接我！”他那时总是拿着孙悟空或是猪八戒的面人儿早早地等在学校门口。在人群中，我第一眼就能看到他。他总是站在铁栅栏门的后面，看着我从学校里跑出来。那时候，他的眉毛很黑，喜欢喝两口酒。酒后，他的手即使在冬天也会发烫。

门开了，我冲上去，站在他面前。他用凸显着青色筋脉的手握了握我的手，然后领着我走进了院子。他的手大而有力，有人说这样的手才是世间最美的手。夏天，他会停下来，在卖冷饮的小推车前买橘子冰棍给我吃。这短短的几分钟路程，给我留下了人生最美好的回忆。

如今，我已经长大了。乔迁、发薪、完稿、康复、旅行——有很多能让人产生“高兴因子”的事。但是，我人生中最珍贵的，还是站在“出口”，等他来接我。

苏州的食物

在江南读书四载，“吃”占据了印象中的一部分。在那无所顾忌的学生年代，我乐此不疲地品尝着食物，口齿间妙然留下了苏州那些长街、老巷的食香。我骑车和友人一起经过“朱鸿兴面馆”、“熙盛源馄饨店”，手里捧着热乎乎的“绿杨小笼包”或是“采芝斋”的粽子糖逛园林，完全被那浓浓的肉汤汁和香甜的味道“融化”了。美食真是能让人忘乎所以！出园时，脚上粘着厚厚的一层青泥却浑然不觉……

那时候，母亲总是陪着我乘火车到苏州上学。到了学校之后，一位熟识的师长带着我们到食堂去吃早点。几个肉包子端上来，咬一口，肉紧汤实、甜鲜香韧，一直到现在母亲都时常提起。说到包子，我在苏州就吃过了好些家的包子。除了学校食堂里的肉包，我还吃过“一品香”的“三丁包”。它的馅儿以鸡丁、肉丁、笋丁制成，吃起来咸中带甜、甜中有脆、油而不腻，吃一个就能填饱肚子。再有就是“绿杨小笼包”、“震源生煎包”、“南园福大包”，都是典型的苏南口味。如果不喜欢甜味，可以尝尝清淡爽口的“香菇菜包”和“雪菜包”。在苏州，清晨拿着各式各样的包子“大快朵颐”的人绝对不在少数。

南方人大都喜欢吃米粉，不喜欢吃面，而在离开苏州不到一年的时间里，我竟怀念起“苏式面”的好滋味来。有汤、有水、有浇头（盖在面条上的配菜）的“苏式面”，对于苏州人来说是最理想的早餐。有道是“不食姑苏面，枉然姑苏行”！赶个早，你会看到苏州街头巷尾的面馆里坐满了吃面的人，取面的窗口前排起了“长龙”，那场面绝不亚于柳州的米粉摊儿。窗口里的师傅娴熟地下面、捞面，手法极其细腻。在苏州，享有盛名的百年老店有很多，所以我不得不在心里计较着哪一家的面好吃。我最爱吃的是“朱鸿兴”的焖肉面。爽滑的面条、鲜美的面汤、入口酥烂的焖肉……还未开吃就享受到了一种千回百转的香气，吃完之后更是会有一种清风明月般的怡然。

第一个学年的暑期，我特地带了些苏州特产给家人尝鲜，有“黄天源”的玫瑰松糕和粢毛团，“采芝斋”、“叶受和”的卤汁豆腐干、蜜饯和糖藕，“陆稿荐”的白肉，等等。祖父、祖母吃了之后直摇头，说“太甜”。其余的人咂咂嘴，说“太腻”。从那以后，我就再也不把苏州的甜食带回家了。的确，苏州是一座“充满了甜味”的水城。我很喜欢“苏帮菜”，比如“得月楼”的樱桃汁肉、“松鹤楼”的松鼠桂鱼、响油鳝糊，等等。不过，菜的价钱稍微贵了一点儿。现如今在家炒菜时，我也会习惯性地放几勺糖，这让家人颇有说辞。妥协后，我只能暗自怀念苏州的佳肴。

苏州人常说“吃老酒”。算起来，在苏州待了四年，我有四回“吃老酒”的经历。每年冬至的时候“吃冬酿酒”是苏州人的传统。“冬酿酒”是一种米酒，酿制时加入桂花，入口极其清爽。冬至之夜，就着“蛋黄肉粽”，与友人一起喝下一瓶“冬酿酒”，这种让人感到惬意的事情恐怕是“难再寻”了。

香桥一梦

车在楼下停稳之后，我猫下身去，双膝几乎贴在了地面上。一大坨黄黑色的物体牢牢地粘在发动机的护板上。我接过父亲递过来的树枝，费力地蹭着，终于把这东西弄掉了。紧接着，一股牛粪味向我们袭来。

关于这坨牛粪，还得从一次自驾游说起。当时，父亲提议到一处名为“香桥”的风景区去旅游。十几年前，父亲曾经到过那儿，对那儿的景色有些留恋。父亲是个极其细致并且懂得生活的人，把生活中的每个角色都拿捏得恰如其分。他上网摸清路线后，方才启程。老妈依旧不改她的本色，在我的极力反对下，还是给我们带了一兜水果和一个毛毯。

我们的车下了高速路，走了很长一段乡村公路。路面极不平整，车子在行驶的过程中多次被刮到底盘，心疼得我直抱怨父亲的这个出游的提议，强烈要求返回去。

不过，香桥这个景点的确容易被人忽视。一路上，我们没有看到任何明显的标志，旁边也极少有私家车经过。稻田像是被人用量尺和刻刀精心划分过，显得十分整齐。皮肤黝黑的瓜农们在路边快速地行走着。汽车轧着石子、黄泥和牛粪慢悠悠地行驶着，我们仿佛进入了宫崎骏动画中的日本乡村。

经过将近三个小时的路程，我们来到了香桥景区。穿过滴水的岩洞，眼前豁然开朗，就像是进入了世外桃源。一座巨型天然石桥横卧在峡谷两侧的高山之巅。桥下，大片的树木和竹林把一潭碧水小心地揽在怀里，生怕外人偷窥了它的美。人们俯下身来，在清澈的河水中洗去了一路的风尘。我虽然嘴上不加赞叹，但是心里还是认为值得一来。

午饭是在景区外的“农家乐”吃的。“老妈”饶有兴致地看着窗外那一棵棵香椿树，并伸手去摘枝尖上的嫩芽。夏天的时候，姥姥最爱吃香椿芽肉丝面。餐馆的小伙计拿着带钩的长竿跑过来帮忙，替“老妈”摘了一大把。我想，姥姥家整个夏天的面都算有了“浇头”。终于等到上菜了，有螺蛳鸡、豆腐焖黄蜂鱼，还有刚从地里摘回来的空心菜，比星级饭店的菜品都要丰富。

返回时，风光依旧绮丽。我们想方设法地绕过路上的一坨坨牛粪，但还是感觉轧到了软绵绵的一团东西。“老妈”坐在后面描摹着山的形状，惹得我们不时地捧腹大笑。几个月来在办公室里积聚的疲累，都被这田间、山边的清风吹散了。这是怎样的一种感受啊！此时的我就像手里握着一张无坐席、无目的地的车票的旅客，在飞驰的列车上惬意地行走。我放声歌唱，唱累了就咕咚咕咚地喝一罐清冽的山泉水，然后酣睡。

到家了，父亲轻轻地把我叫醒了。那一坨牢牢粘在车底的牛粪足以让我确信，我曾在一个美好的地方出现过，那儿没有 A4 纸，没有邮箱，也没有彩印机。那儿只有办公室里没有的空气、水、心境——对了，还有生活在城市中的人们不屑一顾的牛粪。

谈伤害

休息日，我想到单位去安静地看会儿书。我随手抄起几本杂志，又拿了刚买的《南方周末》，忽然发现桌上的报纸不见了。我习惯性地问母亲，母亲应声从厨房里小跑着过来，手上还沾着胡萝卜皮。她对我说，她没有看到过那张报纸。我努力回忆着，想起母亲前一天打扫完卫生之后卖了一堆旧书和旧杂志。那个收破烂的女人带着个小男孩儿。那个小男孩儿曾经在楼梯的角落里翻看我的《红岩》。一股无名火冒了上来，我大声质问母亲为什么不经许可就随便处理我的东西，然后摔门而出。

一上午，我这心里都很不是滋味。尽管看书时读到了季羡林先生的那句“多一些典雅，少一些粗暴；多一些温柔，少一些莽撞”，但是我心里还是在抱怨母亲的种种举动。她总是频繁地将我的T恤衫和牛仔裤扔到洗衣机里去搅，以致它们失去了最初的颜色。我的鞋本来在鞋柜里放得好好的，她硬是要拿出来里里外外刷个遍。我放在书桌上的“公仔”、瓷器、香水……总之，她擦完桌子之后，我的这些原本摆得像模像样、颇有艺术感的东西全都移位了。每每出现这种状况，我都会发一通脾气，但并不奏效——我找不到的衣服、裤子依旧会在阳台上高高飘扬。

快到中午的时候，书翻完了，我回到家里，见母亲坐在沙发上。我没和她打招呼就使劲儿关上房门，赌气地坐到了桌前。午饭装在一个透明的盒子里，早已平静地躺在我的书桌上了。一个削好皮的水蜜桃在一旁散发出清甜的果香。

“就为一份报纸，何必冲母亲发这么大的火!”我下意识地责备着自己。

“她三番五次地这样做，叫人怎么受得了?”我的思维又误入了歧途。

“到底是母亲，只有她才会管我的事。换了别人，才懒得管呢!”我的想法重新回到了正轨。

我的目光落在了书橱里的那些薄厚不一的书上，一本散文集映入了我的眼帘。这本书的作者是我，但从某种意义上来说，是母亲的集子。从初中开始，那些一写完就被我揉成一团的布满文字的纸，是母亲去把它们铺平的。我平时会说她粗心，收拾东西时经常把我的东西弄丢。我不曾想到，从我十几岁的时候开始，不论是几十字的消息，还是几千字的小说，只要是发表过的作品，母亲都会认真地替我剪贴起来。

父亲说过：“你的母亲心里只有你，始终把你放在第一位。”确实，她去超市时，只想给我买些营养品补充营养；她到了书店，会久久地猫在书架下面替我找寻新进的好书；她逛商场时，会毫不犹豫地替我买下最新款的衣服，自己却很少添新服饰……

我轻轻地推开门，发现客厅里空荡荡的，母亲大概已经在返回南宁的火车上了。我拨通了电话。电话是父亲接的，他说母亲要和我说话。电话中，母亲还是说了一些“开车注意安全，不要莽撞”之类的话，和每次临走时叮嘱的一样。但是，母亲说话时明显带着哭腔，显得十分委屈和心痛。我的心颤抖起来，为早上伤害她的事难过。可是，怎样才能挽回呢？母亲被我伤害了无数次之后，早已变得“体无完肤”了。我想，我应该去赎罪，无论用什么方式。被岁月染白了头发的母亲，还能有多少时间来被我伤害呢？

有一句话说得好：这世上，被你伤得最深的那个人，往往是最爱你的那个人。对我来说，那个人就是我的母亲。

站在塔佩门以内

我还在想念它，在梦里都会见到它。

要知道，并不是国内的那部搞笑电影让我选择去了那儿。

我提前两个月订好了机票、酒店，选择住在塔佩门内。那里有用红砖砌起的城墙和木质的城门，是清迈的标志性建筑。

旅途中，并不是一切都如我所愿——订好的航班被航空公司取消了，改乘的班机要晚上才能到达。

“自由行”往往会使人显得更加独立和自信，这是我最喜欢的旅行方式。从飞机的舷窗向外望去，夜色十分迷人，让我心中有了无限的向往。

6 月的清迈，白天十分炎热。我乘车去了尼曼路，一路上看到了护城河和喷泉。同车的两个北京女孩儿要到素贴山去。下车前才知道，她们和我住在同一家旅馆。

这个兰纳式的建筑在塔佩门边上的小巷里，里面有漂亮的无边游泳池和兰纳风格的壁画。早晨，这里的餐厅提供新鲜的酸奶和通心粉，食物简单而精致。

我要了一杯柠檬汁，坐在临街的花园里等着去原始丛林的车。很快，车子便停在了旅店门口，一个胖胖的泰国年轻女孩儿在门口用英语叫大家上车。

我站在紫色的取款机前面取了钱，买了一种很好喝的绿茶。阳光下，开着红花的树、颜色鲜亮的泰文招牌，还有咖啡店、餐厅、药店、寺庙，从我们眼前一闪而过。

听说有一家很有名的甜品店，门口竖着高大的卡通像。我在小巷里找了很久，把标注着店名的地图拿给一位过路的泰国小男孩儿看。他沉默不语，带我到了一个种有高大芒果树的普通人家，然后转身离开了。

白天走累了，我就找一家小餐厅，要上半杯冰块、一瓶矿泉水，坐下来慢慢喝。对面坐着的竟然是与我住在同一个地方的那两个女孩儿。

我跟随两个美国女子来到了契迪龙寺。天气十分炎热，我坐在树荫下，看着一群身穿墨绿色校服的清迈学生在玩游戏，其中的一个戴着牙套的高大男生动作显得特别夸张。

行走的时候，我不需要吃太多东西，晚饭通常只是简单地吃一点儿糯米饭、青木瓜沙拉和炸鸡。

有一对体型很胖且上了年纪的非洲夫妇，在玩“丛林飞跃”时和我分到了一组。每一次速降时，丈夫都会大声喊“你是最棒的，我爱你”，并且亲吻他妻子的脸颊。

有一对上海的夫妇，两次游玩都和我不期而遇。最后一次与他们相遇，是在塔佩门内的一家咖啡店门前。他们俩租了一辆摩托车，在左侧车道上快速行驶着。第二天，他们要到普吉岛去。妻子再一次强调，下次一定要住我订的这家旅馆，因为他们的住处与国内的廉价快捷酒店差不多。

旅途中，国内的年轻游客喜欢背着笨重的专业相机，一路瞄着拍。我也拍了一些照片，只是很粗糙，没有刻意去拍什么。

护城河边有个大排档，老板娘气质很好，喜欢戴各式各样的帽子。在那里，我吃到了当地有名的“猪脚饭”……

在清迈的时光，会一直留在我的记忆里——我要用一生来记住这座小城。

火车爷爷

很想说一些爷爷的事，关于他的火车、胡须、笑容。我的爷爷曹柏生于1921年，是地道的山东汉子。日本鬼子投降那年，他带着奶奶、姑姑和伯伯坐着“闷罐子车”，足足走了七天七夜才从山东潍坊来到广西。到了柳州之后，爷爷带着一家人住在破车皮里。一遇到刮风下雨，车皮里放着的两个脸盆就叮叮当当地响个不停——次数多了，瓷都掉了一半。那些日子，吃上白米饭就是无比幸福的事儿了。

爷爷开了三十多年火车，当了二十多年机车长。年轻时，他像火车一样坚强、刚毅。1951年，为了支援抗美援朝，爷爷冒着生命危险将一台坏了的“709机车”修好了。后来，爷爷获得了“铁道部劳动模范”光荣称号，在中南海受到了毛泽东、周恩来等党和国家领导人的接见。他当年开过的“东风3774机车”，现在还在中国机车展览馆收藏着。

爷爷一辈子都在和命运、疾病、离别、天灾抗争，一路走来很不容易。一场车祸给他原本完好的双腿带来了重创，再加上奶奶的去世，爷爷仿佛突然成了世上最不幸的人。奶奶去世后，爷爷总是静静地坐在那儿，目光游离。我不知所措，却又不敢轻易触及他那颗越发脆弱的心。在我眼里，爷爷老了，他当年开的那列火车也“老了”。幸好他有乖顺的儿女，陪伴着他挺了过来——八十六岁的他依旧健康。但是，爷爷在经历了这两次巨大的伤痛之后，便不再大声说话和耐心地刮胡子了。他变得极少说话，而且刮胡子时常常划破自己的脸，留下令人心痛的血痕。他那双开过火车的手——那双在我小的时候替我烤过尿片的手，如今已变得像枯树一样了。这一切，我都看在眼里。

一天早晨，我刚到单位，往车棚里放车的时候，楼上值班室的甘师傅大声冲着我喊：“你爷爷上报了!”我以为甘师傅在和我开玩笑，便一边纳闷一边匆匆地上了楼。“甘师傅，您又骗我!”我对甘师傅说。“不信你过来看嘛，就是你爷爷！他是铁路上的老劳模了，我们都认识他。”甘师傅说着，拿来了报纸。我一看，当时就震惊了。只见报纸上有一张照片，几乎占了半个版面，上面是一位我再熟悉不过的白发老人。他手捧着自己年轻时的照片，笑得十分舒朗。是爷爷，没错！他的神情中充满了自信和骄傲。我想起来了！前天吃晚饭时，爷爷说白天有一个记者到家里来过，给他拍了照，说是要报道一些铁路上的人和事。当时我还责备了爷爷，怪他随便让不认识的人进家。爷爷没有再说什么，只是低头继续慢吞吞地吃饭。

我一遍遍地看着有关“八旬翁博物馆开火车”的报道，后悔那晚责备了爷爷，并突然发觉自己愚笨极了，愚笨到竟然认为自己的爷爷老了。是的，前一年在上海，爷爷坐着轮椅，在儿女的陪伴下精神矍铄地走进了铁路博物馆。当他坐在模拟火车驾驶室里的时候，孩子般快乐的心情是不言而喻的。爷爷那熟练的火车驾驶技术使得博物馆的工作人员赞叹不已。从上海到苏州那并不算长的模拟车程，让爷爷仿佛又回到了年轻时的美好时光。

其实爷爷并未老，他的火车情结依旧厚重，只是一直以来，他始终沉浸在对奶奶的深深怀念之中。七十年相濡以沫的感情，是谁都难以割舍的。我相信，爷爷会慢慢地振作起来，因为他是一个爱笑的幸福老人。他告诉我们，他要到洛阳的中国机车展览馆再看一看自己当年开过的那台机车。其实，爷爷最想实现的梦想应该是与奶奶一起坐着“和谐号”动车组回老家看看。

有一天啊，奶奶……

我想用一个透明的圆口玻璃瓶装满绵绵的雪，放在奶奶枕边的老缝纫机上，然后和奶奶一起看着它缓缓地融化成冰水。我想，那水一定会清澈、晶莹……

一、还有什么吗，奶奶……

奶奶去世三十五天之后的一天夜里，我梦到了她。她坐在楼下的罗奶奶家门前，摇着那把发黄的大蒲扇，对正在沙堆里玩“过家家”的我说，她想吃“王家沙”的鸡爪子。在她走后“七七四十九天”的前夜里，我又梦见了她。在上游路三区——我家的老房子里，奶奶指着空着的窗台说想要在上面摆一束大红色的玫瑰。我傻傻地说，家里只有白色的百合。她对我发出了婴儿般的呓语，于是，我答应了她。还有什么吗，奶奶……

“蜜三刀”是北方人爱吃的甜食，奶奶也爱吃那一口。爸爸每次到北京出差都会称上好几斤“蜜三刀”带回来，奶奶则会小心翼翼地把它放到小储物柜里，没事便盘起小脚坐着吃上几块，就着镶花白瓷杯里温热的水。吃下去之后，她便咕噜噜地咽一大口。那满足的样子，谁看了都高兴。

奶奶的腿脚一直不太灵便，可是在做“枣面窝窝”和“豆腐渣馅包子”这两种地道的山东面食的时候，谁帮她打下手，她都不乐意。她坐在缺腿的木桌前，笑着擀皮、拌馅、和面、嵌枣。一会儿的工夫，白白的包子和松软的窝头就蒸好了。这时，调皮的我便会蹿进厨房，在四处弥漫的蒸气中抓起一个烫手的枣面窝窝，掐出枣来放到嘴里，连枣核都来不及吐就咽了下去。枣很甜，和奶奶的笑一样甜。这时，包子和窝窝终于上桌了。大人们发现其中有几个原本黄里透红的窝窝上呈现出一个个大窟窿时，便会责骂我不懂规矩。奶奶则充满慈爱地看着我，让我把枣吃了之后再把窝窝给她。随后，她拿起一个没有枣的窝窝，乐呵呵地吃了起来。

豆腐渣馅包子我并不爱吃，但是我对它印象很深。一次洪灾，奶奶把家里仅存的几个包子给了一楼受灾的罗奶奶家，自己却和爷爷饿了将近两天。每逢过年过节，奶奶都会委托我把一些她认为很新鲜的年货送到楼上、楼下的老邻居家。其实，大家都不缺这些，所以我送东西时很不情愿。现在想起来，我心里很不是滋味。我终于明白了，这是她老人家对大家的一份心意。奶奶虽然已经不在了，但是过年时我还是会提着礼物代表奶奶去看看她的老邻居、老朋友们。

遗憾的是，在沉香阁为奶奶做法事时，由于种种原因，我没来得及给奶奶摆上“蜜三刀”、“枣面窝窝”和“豆腐渣馅包子”。于是，我在城隍庙买了几样奶奶生前爱吃的点心。还有什么吗，奶奶？有机会，我一定给您做一次“枣面窝窝”。这回的枣让给您吃！

二、奶奶说我像阿信

我长大了，奶奶会和我提起小时候的一些趣事。奶奶说我小时候嘴很甜，见人就叫叔叔、阿姨。我逢人就说“奶奶说我像阿信”。奶奶在说这句话的时候，神情和语调很是自豪，表情夸张，带着北方方言的鼻音，尤其是在“阿信”这两个字上。

阿信是谁，我不太清楚。我查了一下，有一部电视剧叫《阿信的故事》。女主角阿信从七岁开始做用人，你所知道的天灾、你不知道的人祸，以及你想象不到的人世间的苦难，她都经历过了。她面对的是超负荷的劳动、严厉的管家、父亲的毒打、大地震的袭击、丈夫事业的毁灭、婆婆的虐待、孩子的夭折……最后，坚强的阿信从用人变成了老板。这部长达297集的电视连续剧在二十世纪八十年代风靡亚洲，数年中一播再播。我想，奶奶一定是看了这部电视连续剧才说我长得像阿信的。我看了看女主角的旧照，小时候的我与她还真有那么一点儿神似。

奶奶说，我从小力气就大。很小的时候，我就蹬着一辆三轮童车，带着比我大五周岁的姐姐满屋子地转。一次，奶奶给别人家的小孩儿糖吃，还在学步车里的我一把就抢走了那个小孩儿手里的糖果。提起这些事情时，奶奶笑得很自豪，因为我长大以后懂事了许多。现在，我特别想吃一碗奶奶单独为我做的排骨饭，很香……

三、雪化亦会清

奶奶生前常提起她小时候叫“雪儿”的事，至少她的奶奶一直是这么叫她的。每到这时，我都会接着问：“那爷爷叫什么?”“你爷爷啊，叫结实。”说到这儿，奶奶会咧开嘴哈哈地笑上一阵，然后充满怜爱地拍拍身旁专心看报的爷爷。其实，奶奶的真名也很好听，叫慧清。巧的是，最后替奶奶做法事的师傅也叫慧清。在法事临近结束时，慧清师傅突然接连打起了饱嗝。这戏剧化的一幕让我觉得奶奶已经吃饱了，她接受了我们的一片孝心。

奶奶早年从山东到了南方，大半辈子都没再见到下雪了。冬天，奶奶和她远在老家的表妹通电话，两位年过古稀的老人都很激动。奶奶常乐此不疲地让姑姑们和爸爸把南方的特产捎过去，也会意外地收到从山东寄来的大葱、煎饼、红枣、灌肠、虾酱……这一切足以让她兴奋起来。回老家看看，这是奶奶的心愿。

我站在高楼上望着小区的花园，猜想着奶奶可能会到那儿去走走。我望着高架桥上来往的车辆，猜想着奶奶可能会在车里向我招手。我大概猜错了，奶奶或许是在她出生时下雪的那个地方，戴着可爱的毛线帽子，穿得暖暖和和地看着雪。等到雪化了，她依然会很神奇地出现在我面前。

“住着那破车皮啊，吃着那白米饭啊……”这是我唯一听奶奶唱过的一首歌。有一天啊，奶奶，我也要唱首歌给您听！您能听得到吗?

纪实卷

“文武女警”熊苇

逃犯张国发（化名）怎么也没有回过神儿来——自己在车站送客时，怎么就被一个长得有点儿像张静初的女警抓到了呢？

几年前的一个晚上，张国发喝了点儿酒，与好友那年仅十几岁的女儿待在一间屋子里……后来，他的好友告发了他。涉嫌强奸幼女的他第二天就出逃了，并且一逃就是好几年。当他出现在桂林火车站时，正在值班的女警很有礼貌地让他出示身份证。他说他是送客的——女警坚持，他只好拿出了证件。没过一会儿，一副锃亮的手铐就戴在了他手上。

这个在张国发的脑海中相貌如张静初的女警叫熊苇，是桂林车站派出所的民警。在过去的2011年，她抓获了二十多名逃犯。这么多年来，具体抓获了多少名逃犯，她自己也记不清了。她只记得在某一天的三个时段里，有三名逃犯栽在了她手里。

熊苇毕业于广西民族大学，学的是中文专业，跟警察沾不上边。上学时，在宿舍的床上，她有时会随手翻翻神探李昌钰的破案故事。她毕业时，正好赶上铁路公安机关招中文专业的毕业生。她想都没想就递了简历，班里只有她一个人当了警察。熊苇的父亲是一名乘警，她的男朋友也是警察。

身为“80后”，熊苇于2004年参加工作，于2006年被分配到桂林车站派出所，于2010年开始从事查缉工作。

一、“弃文从武”不需要勇气

一天早上，所里开交班会时，领导宣布了几位同志年底立功受奖的消息——熊苇荣立个人三等功。熊苇朝身旁的几位同事挤挤眼，小声说道：“晚上椿记烧鹅！”

熊苇没想到自己会在查缉方面崭露头角。在这之前，她爱看李敖的书，喜欢晴耕雨读、抚琴小憩的生活状态。她下了班常常会写写小说、散文，甚至把所里发生的大事、小事都拿来写。不到一年，她就在各大报纸、杂志、网站上发表了二百多篇文章。

2010年年初，上级下发了一个关于“加强追逃工作”的文件。当时，桂林车站派出所的追逃成绩比较靠后，查缉岗位上民警的年龄普遍偏大，于是领导便把负责接车和外宣工作的熊苇调了过来。那年，她二十七岁。站在进站口，面对蜂拥而至的旅客，熊苇感觉有些招架不住了。刚开始查缉的那几天，她每天晚上做梦都会梦到一张张身份证像飞碟一样向她飞来，还没来得及躲闪，她就醒了。

最初，有位老民警跟熊苇讲，到桂林这样的旅游城市落脚的逃犯较少，缉逃工作难出成效。她没心没肺地听着，照旧在本子上记录下了每天客流量最大的几个时段，以及她从“查缉高手”那里取来的真经。

“工作时要自己摸索方法和策略，比如今天你只是微笑着查验某位旅客的证件，他满脸的不乐意，那么明天你就‘笑露八颗牙’，旅客就会配合你的工作了，哪怕证件被压在行李的最底层。”跟一名刚来的女协警说完这些话之后，熊苇戴上白手套，朝候车室走去。

同事们经常会跟她开玩笑，说她“从文角到武角，转型转得非常成功”。听到这样的话，熊苇便会摊开双手：“就是这么自然而然的事，不需要多想，更不需要做出什么抉择。”

二、缉逃中的一丁点儿事

一拿起查缉工具，熊苇就没空去管直到上班前还未发出的那条微博了。春运的时候，进站大厅里到处都是旅客。熊苇是这样形容自己的：一站到岗位上，就跟打了鸡血一样。

每天的查缉数都要占当天客流量的90%左右。熊苇表示，带着六个协警开展工作，压力不大。虽然上面没有明确任务量，但是熊苇还是会趁吃饭的机会到内勤室的电脑上看看全局的缉逃排名情况。

在一份派出所上报的简报里，能看到熊苇在工作中总结出的“五勤工作法”及“十类必查人员特征”，还有她针对一些持假证件或无身份证明的旅客研究出来的一套查验方法。

一次，熊苇在候车室里发现一名身材高大、穿着考究的男子的目光中有一股狠劲儿。熊苇要求出示身份证时，该男子推说“车要开了，不要耽误时间”，硬是不拿出身份证。他越是着急，熊苇就越是怀疑他。熊苇一边跟他周旋，一边用电话通知值班室。这名男子气急败坏，催促的声音越来越大。最后，赶来的民警跟熊苇一起将此人带到了值班室。经核实，该男子是因抢劫、强奸被上网通缉的在逃人员姜某。

还有一回，熊苇发现一名走向候车室的青年男子没有带任何行李，走路摇摇晃晃。她当即让该男子出示车票，发现这名男子要坐的是到郑州去的列车。他不但没有带行李，而且没有带吃的——有疑点！熊苇立即要求该男子出示身份证。经查，该青年男子是因涉嫌故意伤害而被上网通缉的犯罪嫌疑人张某。

在车站待久了，什么样的旅客都能遇见。一天清晨，熬了一夜的熊苇正准备下班，动作有些机械地接过了一名旅客递过来的身份证。她觉得身份证上的照片十分眼熟，一抬头才认清站在自己面前的是“失散多年”的大学“室友”。面对室友惊诧的表情，她吐了吐舌头：“在候车室里坐着等我！一会儿见！”然后，她便若无其事地站到了一旁。

有时，她会遇上一些蛮不讲理的旅客，气得吃不下饭。于是，她便会叫上一帮姐妹，到 KTV 点一首梁静茹的《勇气》，音高气足地吼上一阵子。

三、“清网行动”后更要以量取胜

“清网行动”是公安部组织的追逃行动。在此次行动中，全国公安民警抓获的逃犯在二十万名以上。得知了这个数据之后，熊苇觉得自己的工作量还要往上加。

在此之前，熊苇每个月的缉逃数是三四个。大规模的“清网行动”之后，每个月的缉逃数降到了一两个。无疑，她还是要坚持以量取胜，把查缉率提高到95%。

熊苇说，“实名购票”以后，几乎每位旅客都会携带身份证乘车，给查缉工作带来了便利。旅客进站时，大多数都会很自觉地掏出证件，不用逐个去问。但是，一旦知道车站这一关难过，一些有心机的犯罪嫌疑人便会选择其他途径出行。

工作了八年，熊苇养成了记笔记的习惯。她有大大小小二十多个笔记本，上面记满了摘抄的公安专业知识和在逃人员信息。

熊苇说：“我如果不当警察了，可能会去做一名自由撰稿人。但是，如果做了自由撰稿人，我的经历就没有那么丰富了。”

乘警许振林的“后春节”

大年初六，许振林在家整整睡了一天，呼噜声惊扰了前来拜年的亲戚们。他的爱人梅月萍赶紧将卧室的房门轻掩上，抱歉地对亲戚们说：“老许昨天刚下车。他从大年初一跑到了大年初五……”儿子许兵拿起遥控器，把电视的音量调低，低得几乎听不清他最爱的小虎队那怀旧动人的旋律。

过了好一会儿，梅月萍端着一个托盘从厨房里走了出来，托盘上放着几杯茶水。她走得很慢，茶水倒得也不满，但还是连茶带水地溅出来不少。过年这几天，天气很冷，她的手脚痛得厉害。记得2008年11月26日那天，她也是端着水，刚走到厨房门口就重重地摔倒了。儿子把她送到医院之后，医生从她的脑中抽出了六十多毫升的瘀血。命是保住了，但她从此以后就半身麻痹了，手脚都不如以前利索了。

腊月二十八那天，梅月萍对许振林说：“过年这几天，要是有亲戚来家里串门，就得准备些菜。”平时，许振林不在家的时候，梅月萍让在柳州读技校的儿子下课后带些青菜回来就能对付一日三餐。她手脚不方便，很少下楼。春运的时候，跑武昌那趟车的许振林“套跑”南昌那趟车，初一就要上车，到初五才能回来。梅月萍觉得，大年三十的这顿饭说什么也不能凑合。老许一贯省吃俭用，所以她只能以招待亲戚为理由去买菜。腊月二十九，她让儿子扶着自己到了菜市场，一咬牙把该买的菜都买了回来。1996 年，梅月萍就下岗了，所以她平时能省则省。

在梅月萍的记忆里，许振林跑了二十二年的车，只有两年是在家里过的年。大年初一一大早，她照例在许振林上车前替他收拾好了行李，把韭菜馅饺子装到了饭盒里，再放上两片喷香的扣肉，然后看着他出了门。乘警的值勤胸牌，她特意检查了好几次，生怕许振林忘了带。“你和儿子好好过节吧！”许振林临走时说。“放心，没事。”梅月萍一脸的轻松。

有一回，许振林临上车时打电话告诉她，乘警的胸牌忘记拿了，想让同事帮忙到家里去拿。刚做完手术的梅月萍怕麻烦别人，硬是跌跌撞撞地把胸牌送到了车站。许振林接过胸牌，哽咽着说不出话来。

对于常年在外跑长途的许振林来说，家是一盏温暖的灯，梅月萍便是那个在桌前拨弄灯芯的人。剥落的墙皮、用了几十年的旧家具——如此简单的一个家，却让他时时地牵挂。滚烫的幸福让他不畏劳顿，哪怕是在过年的时候！

梅月萍本想初六和许振林一起到亲戚家去拜年，可是没想到许振林回到家里，倒头就睡了一整天，一定是累坏了。梅月萍不忍心叫醒他，想让他好好睡一觉。

初七、初八、初九……时间还长着呢！她想让老许带着她到亲戚家去转转，再到市场上去买一盆水仙花和一副春联……

李韦东到了叶茂警区以后……

2009年6月的一天，一位高个子民警走进了宜州车站派出所所长柴传仪的办公室。他戴着一顶破草帽，肩上挎着一个褪了色的军用水壶，一见到柴所长就说："我请求到叶茂警区驻站。"

柴所长吃了一惊："老李，你这是怎么了？没人敢啃的骨头，你偏要啃！"叶茂车站地处城乡接合部，环境复杂，铁路交通事故时有发生，经常有村民破坏基础设施和防护网。所里没人愿意到那儿去，所领导正为这件事犯难呢。没想到，李韦东竟然自己送上门来了。

柴所长继续问："老李，你就这么有把握？"

李韦东扶了扶帽檐，说："就凭这十四年的驻站经验，我愿意试试。"

说去就去，李韦东胸有成竹，扛上铺盖卷儿就走了。

其实，李韦东早就对叶茂车站以往发生的铁路交通事故认真地进行了梳理，把握住了事故发生的规律和特点，制订了有针对性的方案。到岗的第一天，天还没亮，李韦东就叫醒了保安队员们，和他们一起带着铁丝和胶钳到线路上修补防护网去了。

接下来，他与地方政府、工矿企业、村委会、学校、公安机关和护路组织进行了联系，获得了支持和配合。针对“部分村民在线路两侧倒垃圾，容易引发铁路交通事故”的问题，他和村委会的同志们一起在李家寨村内修建了一个垃圾焚烧池，既消除了安全隐患，又解决了村民的生活难题。他还带领同志们与地方公安、工商等部门联手，多次对铁路沿线进行集中整治，先后取缔了十二个非法“废旧金属收购点”，使得违法犯罪分子没有了销赃渠道。

紧接着，他又把铁路上各部门的巡检人员邀请过来，建立了叶茂站的联防联控组织，定期征求意见、收集情况，布置治安防范任务，并且充分利用车务部门的“眼”、工务部门的“腿”和电务部门的“耳”，及时获取治安信息。

几个月下来，叶茂警区的治安状况明显好转。所领导说：“老李，干得不错啊！”李韦东心里明白，自己做得还远远不够。要想彻底改善周边的治安环境，就要与群众建立密切的联系。于是，李韦东深入周边的村子，真心实意地与群众打交道。无论哪家在闹家庭纠纷，他都会主动去调解，村民的红白喜事更是少不了他。夏夜里，他在村民家的小院中为发家致富出谋划策。农闲时，他把有违法犯罪经历的青年组织起来，开展篮球赛等有益身心健康的文体活动。有了坚实的群众基础之后，李韦东便把各村的村长聘为“义务护路队员”，充分利用他们在当地的威信，建立起了一支由铁路职工家属和村民组成的“民间护路队”。

结果，2009 年 4 月，李韦东担任叶茂警区的“驻站警”以来，叶茂警区取得了耕牛上道、铁路交通事故、货盗案件及各类危及行车安全案（事）件“零发生”的好成绩。在成绩的背后，是他无私的付出和不懈的努力。他把因脑梗塞而瘫痪多年的父亲托付给姐姐，自己连续几个月吃住在条件艰苦的警区。逢年过节，他的爱人便会拎上大包小包，乘公交车到警区去探望他。

春运前夕，李韦东捧着十几本厚厚的“叶茂警区基础台账”走进了所长办公室。柴所长拍了拍他的肩膀说：“老李，叶茂警区有你在，我心里就有底了。”

三位老警的幸福巡线路

去百朋、进德的路上有颠簸的沙砾、低矮的土房，还有笑容可掬的村民和光着脚丫欢笑着跑在乡间小道上的孩子们。

一、白发闪耀在轨道、路基上——贲定兰

他真诚地拿着一把青绿色的韭黄，在波台道口等候着我们。这就是老贲！看着眼前这个满头白发的老民警，我有些惊愕，惊愕于他从头到脚的纯朴。

老贲当了三十年民警，已经五十九岁了。岁月悠悠、寒来暑往，他巡过多长的道，连他自己都记不清了。最初，他是因为枝柳线扩招才当

上民警的。那时，他十分向往当警察，干上这一行之后才发现了当警察的不易。老贲原先在所里的值班室值班，用不着承受日晒雨淋，但他闲不住，主动要求来百朋驻站。

百朋站共有四个道口、八座桥梁、二十二个涵洞。在这条线路上，他跑遍了所有的村村屯屯。他每天六点钟起床，打扫完院子就开始“走线路”，看看有没有行人过铁道。

闲暇之时，老贲在站里养了蜂。他经常说：“我也想睡觉，但我不愿意听到报警。我在铁路上多走几圈，心里才安稳啊！”用老贲的话说，年纪越大，胆子就越小。他说：“我的心是随着火车轮子在跳动的——它安全，我才安心。”

大年三十的下午，老贲回了家。可是，待了两天，他又回来了：“我这个人闲不得。一闲下来，比生了大病还难受呢！”

晚上，没有一点儿光亮，他准备去“漏缆”边蹲守。这种电缆如果埋在地下，信号就会不好，所以只能露在外面。守了几个钟头，他拿着手电筒离开了线路，回到站里去享用他的晚餐。

二、乐器奏响在课堂上——蔡世玲

一身作训服、一脸淳朴、一腔热血，老蔡来到百朋镇，终日默默无语地与铁轨相伴。他于1977年加入铁路公安队伍，现年五十八岁。他始终认为，做人要堂堂正正、善始善终。

老蔡所在的百朋镇有六万人口。他管辖的线路虽然不长，但是“周边学校的学生触摸铁路器材危及行车安全”的情况时有发生。虽然多次开展了爱路、护路宣传教育，但仍然是“台上枯燥讲，台下被动听”，收效甚微。老蔡看在眼里，急在心里。平日里爱吹黑管和萨克斯的老蔡心想，不如发挥一下自己爱好乐器的特长，利用业余时间自编自导一些爱路、护路题材的节目，这样可以寓教于乐。

开展了“警校共建活动”以后，他与学生们的关系更加融洽了。老蔡经常以闲聊的方式对学生们进行铁路安全教育。“只有与他们融为一体，工作才能做到位。”他问学生们：“人被火车撞了，还能不能活？”学生们异口同声地回答：“不能。”他离开学校时，学生们依依不舍地对他说：“别走啊，我们喜欢听你讲护路、爱路的小故事。”

老蔡拿着他的萨克斯走村串户，以群众喜闻乐见的形式宣传铁路安全常识，用音乐围起了一道道保证铁路行车安全和人民群众生命财产安全的防护栏。

三、牛倌奔走在田间地头——何柳胜

目光炯炯、走路迅疾，迎面走来了我们的何柳胜警官。老何当过装卸工，1976 年加入了铁路公安队伍。他所在的进德站，管辖十一公里的铁路、十三公里的公路和十一个村屯。

铁路两侧植被葱绿，所以农民们经常把耕牛驱赶到铁路边上去放养。稍不留神，耕牛便会横跨铁路或者沿着铁路线行走，构成重大的铁路行车安全隐患。为了摸清情况，老何每天都要跑二十多公里的路。他挨家挨户地给耕牛“上户口”，大大减少了由耕牛上道引起的撞死撞伤事故。

一年之计在于春，一日之计在于晨。老何每天起得比周边的村民还要早，在小本上清清楚楚地记录下了哪一处耕牛多、水田多、甘蔗地多。巡线时，老何只要看到有牛被拴在靠近铁路的地方，就会去找牛的主人叨咕两句。他喜欢跟在地里干活儿的村民聊天，趁此机会给他们提个醒，让他们配合做好防范工作。

一天，一个农民早上用牛车把几架梯子拉到铁路边上，把拴牛的绳子往车上一扔就走了，回来时牛找不到了。老何接到报告说，有耕牛上道了。他连忙去查看，发现果真有耕牛上道的痕迹。这时，牛的主人大老远地跑来了："警察同志，您见到我的牛了吗?"说着，他形容了一下牛的外貌。老何说："你是哪个村的？叫什么名字？咱们一起去找找吧，找不到可就麻烦了！"结果，他们在山脚下的一个水坑里发现了那头耕牛。事后，他对这位村民说："你找不到牛，很着急，但说实话，我比你更着急。丢了一头牛事小，造成铁路运行安全隐患可就事关重大了。"

实际上，这样的事情每天都在发生。

迎着清晨的曙光，三位驻站的老民警在巡线的路上感受到了自己的那份幸福。

他像山川一样实在

有人认为，警察干到四五十岁就没有升职的空间了，荣誉也不重要了，完全可以松口气了。然而，从警多年的老同志熊柳军却不这么想，他到现在还在“玩儿命”。熊柳军现年五十六岁，是柳州刑侦大队一探组的探长。已有二十六年警龄的他，先后侦办了一千余起案件。为了追捕犯罪嫌疑人，他每年在外奔波二百多天，行程数千公里。他先后荣立个人三等功五次，受到嘉奖三十余次。

一、以坚韧的品格实现自我

熊柳军十六岁参加工作，当上了罗城工务段的一名普通工人。二十五岁时，他因工作出色而当上了工长。后来，铁路上招警，一直向往着当警察的他毅然放弃了工长的职务，进入了柳南派出所。那年，他刚满二十六岁。

没有经过正规培训的他就这样上岗了。他第一次遇到案子，是在刚进柳南派出所的时候。那天，他在值班时接到了报案，说是南站的职工单身宿舍被盗。他稀里糊涂地独自一人赶到了现场，心怦怦直跳。他首先看了看门上的痕迹，然后量了量地上的脚印。其实，他心里很清楚，他并不具备破案的能力。

有了这次尴尬的经历，熊柳军下定了决心，一定要让自己从“门外汉”变成“专家”。他借来一大摞公安业务书籍，一到休息时间就把自己关在房间里潜心苦读。一年下来，书本被他磨卷了边，案卷被他翻皱了，笔记记了好几本。在两年多的时间里，他自学了公安业务知识，逐渐有了自己的一套破案方法。

二、以不变的痴心执着追求

有人说，当刑警苦，当刑警累，当刑警危险，当刑警没日没夜。二十多年过去了，无论是大案还是小案，熊柳军都会严肃对待，一丝不苟地攻坚克难。

1997 年 12 月，熊柳军进入柳州刑侦大队之后，平均每天工作十七八个小时，经常到半夜才睡觉，天还没亮就起床去蹲守、抓捕。值班时接到案子，他总是第一个赶赴现场。工作了三十六年，从工人到工长，从民警到探长，熊柳军始终无怨无悔。

他破案无数，印象最深刻的是一起“机车信号感应器被盗案”。为了侦破这起案件，刑侦大队的侦查员在鹿寨蹲守了半个多月都没有找到线索。一天，熊柳军在出去调查走访时偶然听到一位朋友说，每天夜里都会听到从张公岭那边传来敲击的声音。熊柳军当晚就带着一名民警到张公岭蹲守，果然听到了声响，当即将犯罪嫌疑人抓获。后来，在审查的过程中遇到了麻烦，犯罪嫌疑人极力否认自己作了案。于是，熊柳军与犯罪嫌疑人斗智斗勇，终于从他口中套出了实情。这起案件成功告破，熊柳军因此而荣立个人三等功。

三、以燃烧的激情履行职责

作为柳州刑侦大队的标杆，熊柳军工作时间很长、业务能力很强。一年中，他待在家里的时间屈指可数，用他的话说就是“我不在办公室就在现场，不在现场就在去现场的路上”。作为一位民主推选出的探长，熊柳军积极参与每起案件的侦破。平时，即便不是他当班，他也会坐在电脑前，逐字逐句地将收集的材料敲出来。夜深人静的时候，他办公室的灯也总是亮着。值班的领导对他说：“老熊，今天不是你值班啊！”他说：“还有那么多案子没有破，不加班不行。”的确，他热爱这份工作。每侦破一起案件，他都会异常兴奋。

熊柳军搜集证据的意识相当强，在侦破“货盗案件”方面有自己的模式。他平时注意收集细碎的信息，即使一百条信息里有一条对破案有帮助，他也认为没有白费力。

熊柳军已经有好几年没休假了。他说：“儿子不用我管，我在家没事做，还不如在队里做工作呢！”队里安排他去北海疗养，他说手头上有案子走不开，把名额让给了队里的年轻人。

四、以淡泊的情怀甘为人梯

走进熊柳军所带的探案组，你会被一种奋发向上的力量所感染。熊柳军说："你应该去采访别人。我只是在尽自己的职责……现在我能做的就是踏踏实实地把活儿干好。"

有人说他傻，当上了领导还要东奔西跑地去破案。队领导特意把年轻探员交给他来带，熊柳军则毫无保留地把自己的经验传授给他们。有了他的帮助，年轻探员们的破案能力大大地提高了。

每到"推优评先"的时候，大家都会不约而同地推选他。但是，立功受奖时，他总是说："这不是我一个人破的案，是大家的功劳。"他参与了"三江货盗案"的侦破工作，并发挥了重要作用，所以大家一致要把立功的机会给他。他笑着说："实在要给的话，就给我个嘉奖吧，把三等功给其他兄弟。"

他常说，身心健康才是真正的健康，不要计较个人得失。他十六岁准备离开家时，奶奶对他说："力气用去了还会有，累是累不死人的。不要把自己的力气看得太金贵，做一点儿事就觉得吃了亏。"奶奶的话，他一直记在心里。他只想做业务尖子，人们提起他时如果说"熊柳军工作干得不错"，他就很高兴了。

我属于这个地方

南宁铁路公安局柳州公安处双牌站派出所零陵警务区地处湖南省永州市零陵区，现有警员四人、辅警二十七人。2009 年，李青峰从原桂林治安大队来到这里工作，同年加入了中国共产党。

一、李青峰是谁

在柳州公安处 2011 年第十四期政工简报上，以《立足本职作贡献　发挥作用保安全》为题报道了李青峰的事迹。在此之前，他经常以通讯员的身份为大大小小的报纸、网站写文章。《母鸡三次“化装”　仍然混不上车》、《孔雀飞到菜市场　市民、民警护“稀客”》、《扮“蜘蛛侠”

钻车底　民警处置保平安》……他本人也和这些题目一样“有趣”。

放着好端端的宿舍不住，他偏偏在站台上的房间里搁张小床住下，一住就是三年多。有人问他缘由，他便认认真真地回答：“为了工作方便。”

有时，他几个月都不回一次家。他老婆带着女儿过来找他时，当着辅警的面数落他，怨他不顾家。女儿好不容易来一次，他也不带着女儿到零陵去逛逛，把心思全放在了工作上。

他的一日三餐几乎都是青菜煮挂面。车站的客流量大，他经常会因为工作而耽误了吃饭。辅警们看不过眼了，硬是把他往家里拉，说要给他杀鸡宰鹅。他倔得很，就是不去，非说自己讨厌吃肉……

二、“我是一个对工作认真负责的人”

在去一所小学的路上，笔者问李青峰：“你觉得你是一个什么样的人?”他冷静地说：“我是一个对工作认真负责的人。”

在益湛线上工作三年多了，李青峰硬是逼着自己学会了开车和使用电脑。他能熟练地开着手动皮卡车在颠簸不平的田间地头上行驶。他先学会了“货盗监控操作程序”，然后把辅警们也都教会了。

笔者到零陵采访的头一天早晨，他开着警车护送值班员送款去了。于是，笔者与五名辅警随意地聊了起来。辅警老许的一席话给笔者留下了深刻的印象。他说：“前一段时间听说李警长要调走，这对警区来说可是一大损失。他在的时候，我们有压力。他不在的时候，我们更有压力——跟着他干，心里才踏实。”

按照惯例，每周三都要由六名辅警队员把在线路上发现的问题详细地列出来，写成巡线报告，拿到警务室给李青峰看。李青峰解决问题从不隔夜，从报告里得知一处涵洞积水，当晚就打电话给“桥隧工区”的工长，第二天一大早就处理了。

在与铁路只有一墙之隔的零陵区博雅实验学校，时常有小学生翻越围墙，在线路上逗留、玩耍。李青峰三番五次地到学校开展爱路、护路宣传工作，与学校的领导和老师建立了良好的关系。学校领导请李青峰帮他们找几张闲置的护网，把学校周边靠近铁路的缺口封堵起来。李青峰想起“工务车间”刚修了围墙，换下来了许多护网，便与“工务车间”的主任商量，把这些护网送到了学校。缺口堵上了之后，学生们就没有机会在线路上逗留和玩耍了。

2011 年 1 月 24 日晚上九时许，从武昌开往湛江的 1803 次旅客列车行至石山脚乡附近时，迎面撞上了钢轨上的石头，导致机车排障器破损，无法运行。时值寒冬腊月，再过十天就过年了。李青峰连夜赶往案发现场，进村展开调查。凭借两年多的基础工作经验，他通过摸排确定了犯罪嫌疑人沈夏林。他立即赶往沈家，却扑了个空。于是，他叫上熟悉情况的护路队员老沈，连夜深一脚、浅一脚地在树林里、山坡上寻找。他们找了一个多小时，没有发现任何蛛丝马迹。在他们精疲力竭的时候，突然从一个废弃的厨房里蹿出一条狗来，朝他们两个人狂吠。李青峰用手电筒照着这条狗，问老沈：“这是谁家的狗?”老沈仔细一看，立马回答：“是沈夏林家的。”李青峰听后，为之一振，心想：“狗随主人。这么晚了，一条狗待在废弃的厨房里，肯定有问题。”于是，他三步并作两步地走进厨房，用手电筒照着四处搜寻，发现了一堆黑乎乎的东西隐藏在柴火堆里。他走上前去，用手一扯，才发现藏在柴火堆里的正是犯罪嫌疑人沈夏林。从案发到查获，仅仅过了不到两个小时。为此，局领导在全局的电话会议上专门表扬了他。

三、“我属于这个地方”

“李警长真的很好。”二十余名受访者给出了同一种回答。

碰到出门赶集的村民，他主动开车送他们一程。他主动帮助职工搬家，不求回报。村里的群众之间有了过节，他去充当和事佬，化干戈为玉帛……类似的事情发生了很多。有一次，他救助了一名被骗入魔窟卖淫的少女，当事人在站台上当众给他跪下，千恩万谢。

3 月中旬的一天，零陵站值班员小兰花了一百元钱从农村买回来一只八斤重的鹅，准备在爱人过生日那天吃。读小学五年级的女儿非常喜欢这只鹅，央求父亲多养几天。他们一家人从广西融安来到零陵火车站工作，女儿在这里没有小伙伴，很是寂寞。于是，父亲就答应了女儿的要求。此后，女儿就把这只鹅当作宠物来养了。可是，一天傍晚，养了一个星期的鹅突然失踪了。李青峰得知了此事，便细心地观察起来。经常到车站来捡破烂的老人这几天没来，会不会是他把鹅拿走了呢？5 月的一天，李青峰在返回车站的路上碰见了这位老人。他巧妙地与老人周旋了一番，老人终于承认鹅是他趁人不备拿走的了。于是，李青峰便带着小兰到老人家里把那只鹅拿了回来。

辅警老董给我讲了一个故事：“我是家住铁路附近的村民。一天，我跟老伴儿抬着柴油机，准备到路对面去收割。我们打开防护网的门时，正碰上巡线的李青峰。当时，他问我们：‘你们怎么走到里面来了？’我本来就很烦躁，再加上天热，就手握扁担要和他对着干。李青峰见状，边说‘我来帮你们一把’，边接过我老伴儿手中的木棍，帮我们把柴油机抬到了路对面的田里。那天，他帮助了我们村的三户人家，一直忙到了下午两点多，连口水都没喝。最后，他又帮我把柴油机抬回了家。”

后来，李青峰“援疆”去了。老董四处打听他的消息，强烈要求加入护路队。对于这件事，李青峰印象很深：“当时是6月份，天气就像娃娃的脸——说变就变。一场雨下完，稻子就会烂在田里。在那个节骨眼儿上，与其给老百姓讲大道理，还不如实实在在地帮他们一把。”

夜幕降临了，还未修建好的零陵站前广场上一片漆黑。

“你为什么不愿意回桂林工作呢?”笔者问道。

“我在零陵站建成以前就过来了。待了这么久，我对这儿的一草一木都有了感情——我属于这个地方。”李青峰不假思索地回答道。

一位货场警长的“硬道理”

李祖瑞指着所里刚帮他装的空调，有些兴奋地说：“对面就是货场。夏天，一开门，煤灰就被吹得到处都是，现在总算可以‘严防死守’了。”

这里是桂林车站派出所平山警务区的警务室，借用了车站上的一幢红砖楼的二楼。室内有沙发、茶几、床，床边放着报警系统。李祖瑞就是在这里工作和生活的。

李祖瑞是从桂林东站调到平山站担任警长的，兼管东站。平山站是一个货运站，共有十五条“工矿企业专用线”。货场的周边无遮无拦，“钩漏”案件几乎天天发生。

货场旁边有一个“凉水井村”，村里有七十二户人家。村民大概有三百余人，大部分是外来人口。村里的民房依铁路而建，距离铁路最近的一户与铁路之间的直线距离不到一米。

“手再伸长点儿就能摸到火车了。”李祖瑞笑着说道。

俗话说“靠山吃山，靠水吃水”，这个村子里的群众是“靠铁路吃铁路”，极少有人以耕种为生。男人们出去打工赚钱，妇女们便成了无业游民，专门“钩漏”等待卸货的货车，“钩漏村”一名便由此得来。

“货车车厢的门是向两边拉开的，拉槽在外面。车门关上以后，拉槽里面就会出现一个手指头那么宽的缝。”李祖瑞解释道。

妇女们专门制作了“钩漏”的工具——一根一两米长的钢筋。她们把工具的一头打制成镰刀状，顺着车门底下的缝隙伸进去，把袋子割破，袋子里的东西就从缝隙里流出来了。

“她们什么都钩，大米、黄豆、麦子、白糖、玉米……”李祖瑞感叹道，“车体一动，袋子里的物品就会往下漏，造成了国家物资的损失。”

一、实际上远比想象的要艰难

李祖瑞浓眉大眼，颧骨有些高，有着广西人特有的相貌。

所里进行岗位调整的时候，所长给每个人都发了一张小纸条，让大家把自己的意愿写下来。李祖瑞连想都没想就写了“平山”，与所领导一拍即合。其实，领导早就认为平山的人选非他莫属了。“工作认真、踏实”是所里的几位领导对李祖瑞的一致评价。

“我当时想，趁着自己还没满五十岁，再去做点儿对自己而言有些突破的事情。”

李祖瑞正式来到平山警区时，坦率地承认，实际上比想象的要艰难得多。

在平山货场附近的凉水井村，有大量的外来人口租住房屋。每天都会有十多趟货运列车在这里停靠，有的一停就是两三天，所以有些人专门来这里租房。在家门口“下手”最方便，就算被发现了，也可以迅速逃回家，把门一锁……

“钩漏”的妇女中有很多是惯犯，十分善于逃避惩罚。她们会把钩子藏在自己家里或者铁路边上的灌木丛中，给警方寻找证据造成困难。

一般来说，“钩漏”的案值很低，很难对嫌疑人进行严厉的处罚。没办法，民警和保安只能劝她们离开。

二、用“硬道理”来遏制“嚣张”

沿着“到发线”走下去，可以看到铁道中间长着稀疏的小麦苗。

“被‘钩漏’下来的小麦洒在铁轨上，与漏下来的化肥掺和到一起，经过雨水的浇灌，就在铁路上生根发芽了。”

李祖瑞理了理头发，兀自走了下去。

到了平山后不久，李祖瑞就到凉水井村的村长家走了一趟，请村长召集村委会的成员开会。会上，李祖瑞把事情的严重性说了出来。村长和妇女主任嘴上说“好好好，一定做好宣传教育工作”，实际上根本做不到。

李祖瑞又找到站长，请他让车站上的调度安排一下，尽量使用离村子远一些的“股道”甩车。一开始效果还不错，可是没过多久，妇女们就“重操旧业”了。

李祖瑞带着四名协警，每天分三个时段，通宵达旦地对“钩漏”案件多发地段进行严防死守。他把警车停在村口，一停就是几天几夜。

“她们一看到警车，就知道我在村里，一般不敢动手。”他充满自信地说。

李祖瑞是广西桂平人，讲白话。来到这里之后，他努力讲好普通话，挨家挨户地给村民讲道理，受到了村民们的拥戴。

过去经常领头“下手”的刘好莲看到李祖瑞他们在线路上工作，便跑回家切了西瓜送过来。以前负责望风的阿吕主动把警区联防点门外的坑填平了，还特意做了几个石凳，摆在树荫下供协警们乘凉……

春去秋来，“钩漏村”再也没有发生过“钩漏事件”。

“严防死守——看似技术含量不高，但却是‘硬道理’，因为目前确实没有更好的方法。”李祖瑞说。

平山站的“桂林市第三粮库调运装卸登记表”上清楚地记录着：“今年1月至7月，到站八百趟车，无一趟被盗……”

执着的追逃者

2014年1月16日是春运的首日，柳州火车站的进站大厅里，车站派出所的查缉组组长莫珊珊一眼就在人群中发现了一个形容枯槁的男子。经查，这名男子有可能“涉毒”。

在派出所的值班室里，莫珊珊带着辅警小徐对这名男子进行了搜查。他们在这名男子随身携带的小包里搜出了一小瓶液体。莫珊珊打开盖子，嗅了数十秒钟——她患有重度鼻炎，嗅觉不是很灵敏。

“这是什么?”莫珊珊将液体倒到瓶盖里，又闻了一次。

这名男子慢吞吞地回答:“普通的咳嗽药水。”

莫珊珊朝辅警小徐眨了两下眼，小徐心领神会，从男子的包里找出了一张纸——艾滋病的诊断证明书。

正如莫珊珊所料，这瓶“普通的咳嗽药水”正是国家严格管制的麻醉药品——美沙酮。

一、执着者的胜利

这个生于1983年的女孩儿接了师傅邓自明（柳州铁路公安处的“查缉标兵”）的班，成了柳州车站派出所“查缉组”有史以来的第一位女组长。

当上“查缉组”组长之前，莫珊珊已经有了五年的追逃经历。如今，她已经成长为一名查缉能手，开始为新警传授追逃经验了。

在师傅邓自明的印象里，她特别能吃苦，喜欢跟自己较劲。在教导员看来，她从不懈怠，竭尽全力去追逃。

2009年12月19日，设有“三品检测仪”的入口处，一男一女进入了警方的视线。男的刚拿完自己的行李，莫珊珊要求他出示证件。就在这时，他猛然转身，抛下身边的女子，拔腿就跑。莫珊珊紧追不放，一直追到鹅山公园附近才将其扑倒。经查，该男子是永福县公安局百寿派出所在网上通缉的逃犯。

这是莫珊珊抓捕的第一个逃犯。

“她身上有股连男民警都没有的劲头。”绰号“眼镜”的辅警说，“她是我迄今为止见到过的最执着的人，即使没有任何线索，她也不会放弃。”

据“眼镜”回忆，有一个名叫“唐万喜”的逃犯，自称“唐万军”，很健谈。经查，确实有唐万军这个人。民警把相片拿给他看时，他大大咧咧地张嘴就说：“是我啊！那时候年轻……肯定是有变化的！”莫珊珊看了看照片，还是有些怀疑，便没有放他走。她查看了他的手机，发现里面有唐万军的电话号码。哪有在手机里存自己的电话号码的？她拨打了那个号码，对方称自己就是唐万军，冒充他的是他的弟弟唐万喜。警方得到了这个线索，立即将唐万喜抓捕归案。

二、只要开始就不会结束

我在火车站的大厅里见到了莫珊珊。她身着警服、皮肤白皙，笑起来很可爱。她习惯于直视对方的眼睛，盘查时说话声音不大，却有着能够震慑住对方的气场。

她2004年加入铁路公安队伍，2009年正式开始进行查缉工作。她每天工作八小时，接收证件的动作要重复上万次。遇到可疑人员，她有时要蹲下来检查对方的鞋底和袜子。有一天，她在家吃饭之前忘了洗手，爸爸便质问她："你今天摸了几对'香港脚'啊？"

其实，不光是"香港脚"，有些人还患有肺结核病，上来就是一顿咳嗽。刚开始时，她也惧怕过，后来就习以为常了。

聊天时，莫珊珊谈得最多的就是她的团队。她说："成功地追逃，光靠个人的力量是不够的。人多力量大，没有数量就没有质量。无论是查缉毒品还是打拐，都要有团队协作精神。"

经过严格的筛选，莫珊珊将六名队员分为两组，分别在两个时段开展查缉工作。徐艳是2012年进入"查缉组"的，先后抓获了十五名逃犯。"眼镜"是辅警中资历最深的，在追逃的岗位上一干就是七年。在他们眼中，莫珊珊从来不偷懒，傻乎乎地一站就是八九个小时。

一次，组里的一名队员无故没来上班，电话也打不通，急得她脸色发白。本来这件事只要向所领导报告了，就没她什么事了，可是她那"死磕"的劲儿一上来，就谁也拦不住了。她太在意这个团队了："他们不是辅警，全是兄弟。”

有一年夏天热得出奇，莫珊珊暴瘦了二十斤。她的一个朋友非常羡慕，死乞白赖地向她讨教瘦身的秘籍。

“我呀，每天都在没有冷气的车站里做‘有氧站立轻功’。”她自豪地告诉自己的朋友，并且在“站立”这两个字上加重了语气。

跟莫珊珊一起来到所里的女警，大部分都由于种种原因调换了工作岗位，只有她还在坚持。她是这样描述自己的工作的：“只要开始了，就不会结束，因为‘结束’是个挺可怕的词。”

三、变泼辣是别无选择

“我像逃犯吗?”旅客们在被检验证件时经常会有这样的反应。

遇到这样的提问，莫珊珊会半开玩笑地说：“如果我能看出来，我就可以回家了。”

莫珊珊原本是个性格内向的人，说话声音极小。刚到查缉岗位工作的时候，遇到人高马大、一脸横肉的旅客，她真担心对方会把自己给活吞了。

莫珊珊的妈妈在柳州车站派出所工作了二十多年，作风泼辣，十分干练。

因此，所里的老民警会和她开玩笑说：“莫珊珊，你没有你妈能干。”

追逃进入了第六个年头，面对那些满口脏话、寻衅滋事的旅客，她会一反常态，厉声呵斥他们。

“变泼辣是别无选择……”莫珊珊说。

2011年3月24日，一名身材高大、穿着考究，目光中透着狠劲儿的男子在出示证件时大声催促“快点儿，车要开了”，还举起拳头要打人。莫珊珊带着三名协警将此人控制住，并查明该男子是因绑架被上网通缉的在逃人员。

偶尔休假的时候，莫珊珊会陪着女儿去练轮滑。五岁的女儿多次在轮滑比赛中获得名次。如果有事需要她去处理，老公总是会去送她。她总是让老公在站外“等十分钟”，可往往是一个钟头过去了，她还没有出来。

追逃工作的压力特别大，重度鼻炎导致她一天要流好几次鼻血，还伴有间歇性的剧烈头痛。她不想干了，但是领导一问“今年的任务指标能完成吗”，她就会鬼使神差地回答“能”。

她在给新警准备的课件里描述道：“查缉工作是很枯燥的，它不像农民伯伯种庄稼，播的啥种，就会长出啥来。通常都是你付出的超级多，收获的却少得可怜。”

谈到讲课这件事，莫珊珊始终认为自己并不是太靠谱，因为除了赞叹声和掌声，她在台上还听到了嘘声：“可能是‘90后’的新警认为‘80后’的我还太嫩了，所以我必须重新回炉。”

百朋的过客

去百朋采访，一路上车子轧过坑洼的黄泥道，飞溅起的泥水在车窗上留下了稀稀落落的印迹。我赶紧将边窗摇起，欣赏着那滴着浓稠颜料的画布般的玻璃窗，陡然有了“七八个星天外，两三点雨山前”的意境。

车辆行至一个叫“波台”的道口，我看到一位满头银发的老民警推着自行车憨笑着等在那儿，手里拿着一把青绿的韭黄。他带路，我们不一会儿就到了百朋站。说它是个站，实在是不准确，因为这个站撤销已久，连站牌都没了。两位年近六旬的驻站民警——一位头发花白，一位面颊黝黑——像农夫一样日出而作、日落而息，结伴住在站上。

推开站台旁的一道木门，一条十米来长的回廊出现在眼前。廊边有几间房子，廊下有个天井，天井中央有一棵枝繁叶茂的桂树。最里面的那间房是白头发老民警的，里面有一只绿色的木箱、一张床和一个桌子。桌上放着一个大玻璃罐，里面是用冰糖水泡的金橘（金橘润肺）。老民警一边咳嗽，一边从屋里搬来几个小竹凳，和我们一起坐在桂树下聊了起来。也许是因为轨道近在咫尺，我们正聊得尽兴，耳边传来了震耳欲聋的声响，而且每隔几分钟就响一次。后来，我们干脆说几分钟就自然停下来，等待响声消失。

就在前几天，几个村民横过铁道时，在一趟列车驶过之后，便急忙跨过了“股道”，没想到从另一头又来了一趟列车。车轮碾压轨道的声音太大了，以致白头发老民警喊破了嗓子，几个村民也没有听到。所幸，列车擦身而过——有惊无险。

喝茶的时候，我的目光停留在了天井里的那两只木箱上。一群群黑色的小虫子从箱子底部的小口飞进飞出。抬头一看，桂树周围竟然全是这些精灵般的小虫子。是蜜蜂！我对自己的判断十分有把握。果真，白头发老民警点了点头，微笑了起来。在城里时，他把这些蜜蜂养在了自家的阳台上。后来，他担心小家伙们惊扰了邻居们，便把它们背到了这里。在这儿，它们可自由多了，“嗡嗡”地唱着歌。这里才是它们的家啊！

中午时分，我们闻到了炒韭黄的清香——是黝黑面颊的老民警在掌勺。捧着一碗软糯的米饭，坐在天井里，我吃得很香、很饱。吃完饭，两位老民警又要去巡线了，天黑之后才能回到这个没有灯光的天井里。偶尔，他们会吹一吹萨克斯、短笛，迎着火车吹上几曲。如今，乐器上落满了灰尘，他们心中的五线谱早已被铁路线代替了。

我在离开之前，使劲朝白头发老民警挥了挥手。另一边，黝黑面颊的老民警已渐行渐远。他们还要在这里待多久呢？一年、两年、三年……只要铁路上需要，这儿就永远是他们的家。他们已经习惯于这样的生活了，而我只是一个来去匆匆的过客。

大年三十，他们当班

1月25日是农历的新年，家家户户洋溢着喜庆的气氛。柳州车站派出所客运乙班的五位民警，已是第四次在除夕夜当班了。值班室的桌子上放着水果和糖，还有几个满是茶垢的茶杯。

十九点整，民警们到值班室来报了到，然后领枪和对讲机。点名后，警长邓勇开始分配值班岗位："一站台，朱军谊。二站台，谭如玉。站前广场，刘薛华。售票大厅，李慧敏……"十九点十分，民警们上了岗。十九点三十分，二百多人在售票厅排起了长队——二十点要提前开始卖2月4日的车票。于是，五位当班民警便一起到售票厅去维持秩序了。

一、年夜饭凑合吃

邓勇从家里出来时，随便扒了两口饭。乙班年龄最大的民警李慧敏的儿子李庆是特警队员，春节前到广州执行任务去了。下午四点多，李庆从广州打来电话，说第二天要到怀化去执行新任务。“儿子体质好，我放心得很。”他不经意地扶了一下腰，“老毛病了——腰椎间盘突出。”李慧敏一当班，家里就剩下他老伴一个人了。平时，儿子一个星期回家一次。他爱人十几年前就下岗了，以前在双马电扇厂工作。去年的春运期间，李慧敏为一位旅客找回了装有巨款的皮包。说起这件事，他有些自豪。

朱军谊从下午四点钟就开始吃“年夜饭”了，硬是坚持一口酒没沾——公安部的五条禁令，他没忘。

二、平淡且平稳

邓勇是乙班的警长，有自己的工作方法。他当了将近四年的警长，与民警们相处得很好。“今年比较平静，旅客不多。去年遇上了冰雪灾害，大年三十还有好多旅客回不了家呢！”说这番话时，这位帅气、温和的警长感到很欣慰。站外传来了清脆的鞭炮声，提醒着车站里的人们“过年了”。他朝站外看了一眼，远处的烟花瞬间绽放，然后就熄灭了。“在春运的四十多天里，我们大部分时间都在单位。其实，我们干的都是很平常的活儿。生活就是很平淡的——平平淡淡才是真。”他的话语间有了些诗意。

不断地有旅客走进车站，邓勇在旁边不住地提醒：“您的包，请过一下机器！”他说，去年的除夕夜，他也在“三品口”当班。晚上八点二十分左右，他在一名旅客的行李中发现了三包“甲敌粉”。行李的主人是一名三十岁左右的男子，还带着一个十一岁的男孩儿。那名男子并不知道“甲敌粉”这种农药是有毒的。邓勇在值班室里对他进行了教育，并收缴了那三包有毒的农药。

三、希望与爱

刘薜华在乙班里个头最高，大家都管他叫“刘德华”。他在休息室里喝着浓茶，点燃了一支镶嵌在精致的铜烟嘴里的烟。用他的话说，就是“值夜班，浓茶和烟卷最顶用”。站长恰好从他身边路过：“新年好，刘德华！”刘薜华的儿子正在读警校。他说，儿子很听话，从小到大就没有让他和他爱人操过心。说着，他从储物柜里拿出来一个药瓶，上面贴着有“养心胶囊”字样的纸条。刘薜华这个看起来又高又壮的汉子，1992年曾因心脏病而休克过，一直靠打针、吃药来维持。不过，他很乐观，只要不当班，就去打球。

谭如玉是班里唯一一个不抽烟的民警，只喝清茶，平常喜欢研究养生之道，大家都叫他“谭师傅”。接完车，他裹着寒气推门进来，笑着说：“刚才接车，来回跑。”他走到电脑前，看了看列车时刻表，然后坐了一会儿，就又到站台上去了。

晚上九点三十分，柳州公安处的领导来看望和慰问当班民警了。李慧敏正好在售票厅，便向领导介绍了一下客流的情况。领导嘱咐他注意身体，他很感动，表示一定会坚守岗位。

四、盼望已久的钟声

除夕夜，下半夜值班的民警们睡不着觉，坐在值班室里喝茶、抽烟。零点整，朱军谊和李慧敏站了起来，相互拜起年来。朱军谊顺便往家里打了个电话。李慧敏戴上老花镜，准备给儿子发条信息。这时，李慧敏收到了指挥中心给援外民警家属发来的短信。他有着双重身份，既是民警，又是民警的家属。随后，刘薛华也接到了电话，是儿子向他拜年。

这时，一名胖胖的保安队员走进来，朱军谊抓起一大把糖就往他的口袋里塞。“一年到头，就数大年三十晚上最冷清。”朱军谊喝了一口浓茶，“乙班很团结，不论发生了什么事，我们几个人都会一起冲上去。遇到突发事件，我们就会全体出动。”

1月26日凌晨一点二十六分，谭师傅接完了上半夜的最后一趟车。前几天，一位旅客在通过“三品检测口”时漏掉了一个手提包，十分着急。谭师傅通过这个包里的一本通讯录，找到了这位失主。失主带着一面锦旗来到了站里，当班的民警们面面相觑，谁也不知道谭师傅做了好事。

大年初一的早晨，下着小雨。八点二十分，民警们换好便服，下班了。谭师傅准备去亲戚家串门。朱军谊要回家去放象征着平安、吉祥的鞭炮。大年初二，他们照常上班。

三个新警的三维生活

2012年2月10日早上七点，气温0℃，小雨。

在全州县庙头镇驻站的新警彭惜冰在车站警务室前的篮球架上做引体向上，一共做了三十个。然后，他在站台上跑了二十个来回。如果天气晴朗，他还会在小篮球场上做四十个俯卧撑。

黄伊和冷孜骥也是2011年考入柳州铁路公安处的新警。黄伊二十三岁，冷孜骥二十一岁，两个人都在全州县绍水镇驻站。早上八点左右，黄伊从站上出发，向北头的田心铺站走去。冷孜骥走南边，一直巡线到咸水站。

2011年8月1日，黄伊、冷孜骥、彭惜冰这三个湖南警察学院的毕业生一同进入了柳州铁路公安处全州车站派出所，然后被分到了绍水、庙头站驻站……

一、热得快、鞭炮声与“啰唆小孩儿”

黄伊和冷孜骥所在的绍水站警务室在紧挨着铁道的一栋家属楼里，每天从这里经过二三十趟客车和十多趟货车。

中午十一点半左右，黄伊从线路上回来，摘下帽子，一股白烟从头顶上冒了出来——大冬天的，他的额头上竟然渗出了汗珠。他用热水瓶接满水，把“热得快”插了进去。“一会儿就好了。在学校时，我就烧这玩意儿。”他擦了把脸，准备到厨房里去做饭。

“在家吃现成的，没做过饭，来到这儿就什么都会了。”说着，他往快熟了的肉末豆腐里撒了一小撮辣椒粉。

黄伊家在湖南道县。工作半年多了，他只回去过一次。他的父母在县里做临时工，收入赶不上他。

“来之前，我觉得春运的时候就是人多。来了之后才发现，事情也很多——在线上，再小的事也要当大事办。大年三十，所领导让我回所里吃了年夜饭。大年初一，我一大早就过来了。行走在线路上，听到两旁村子里的鞭炮声，我才觉得有一点儿寂寞。”说着，黄伊起身给冷孜骥开门。

冷孜骥是2011年的那批新警中年龄最小的，家在湖南零陵。他讲话的声音不大，喜欢搓手，模样十分青涩，还没有交女朋友。

站上其他单位的职工都很照顾他，经常叫他到家里吃饭。巡线时，迎面走来的大爷、大妈，远远地就会叫他“小孩儿”。遇到这种情况，冷孜骥就会走到他们跟前，一遍一遍地给他们讲随意穿越铁路的危险性。

由此，“啰唆小孩儿”成了冷孜骥的代号。冷孜骥说，擅自穿越铁路，按照条例的规定，应该给予警告或处以罚款。但是，他发现了擅自穿越铁路的现象，仍然会以“啰唆”为主。

警务室的后面有一个不大的院子。黄伊在镇上买了些蔬菜种子，撒在了院子里。

“还没发芽。到了春天，它们会发芽的。”黄伊说。

二、镇委书记、日记与“老一套”

在见习期，彭惜冰的肩上挂着形似“书名号”的肩章。很难想象，这个1987年出生的新兵蛋子会带着两名保安到镇委书记的办公室去请求解决“在铁道口摆摊”的问题。没过多久，镇政府就派人去把乱摆的摊位清理了。

“工作嘛，就是要解决问题！”他表现出来的成熟、稳健让人感到惊讶。

大年初一到初八，他的女朋友过来陪他，让他过了几天舒坦日子。有人给他做饭、洗衣了，他只要做好本职工作就行了。

“加油，孩子”这句话会经常出现在他日记的开头和结尾处。没有网络，没有游戏，只有书——《狼图腾》、《资治通鉴》和司法考试的教材摞在一起。

现在，女朋友回去了，他每天早上继续着“老一套”——三十个引体向上、四十个俯卧撑，还有就是在站台上跑二十个来回。

他在QQ上的个性签名是：青春是一道光，照亮了心灵与梦想。

他们俩这样当乘警

几节车厢连成的火车是一个“小社会”。这个“小社会”里的警察不好当！火车开得稳不稳当，关键要看乘警工作做得到不到位。以前，乘警是管理者。现在，他们变成了服务者，工作压力来自于自身和社会。每天在车厢里穿行的乘警们，有的血气方刚，有的已经到了“知天命”的年龄……

一、这辈子比我想象的要好

钱全华，男，五十三岁，柳州乘警支队四大队乘警长，在“乘警”这个岗位上已经度过了三十个春秋。

老钱出名了。在网上输入他的名字，立刻就会有许多与他相关的报道跳出来。但是，对于这些，他本人并不知情。其实，老钱家里有两台电脑，但他平时根本不上网。他伸出双手给我们看，手上布满了老茧，都是晨练和平日里画画、写字时“磨炼”出来的。

老钱年轻时在部队里待了五年，养过猪，做过饭，当过通信员——只要是缺人的岗位，他都能顶上。在当乘警的三十年里，老钱身上总是挂着四件“宝物”：手电筒、小喇叭、小药箱和笔记本。因此，他就有了“钱四怪”这个名号。在他看来，带上这些小玩意儿，工作方便多了。手电筒可以照见躲在阴暗角落里的小偷，小喇叭可以用来进行安全防范宣传，小药箱可以用来救助突发疾病的旅客，笔记本可以用来登记重点旅客和犯罪嫌疑人的基本情况。他常说：“不出事，就能平安回家。”

他的这种性格使他“累前不累后”。每次当班，他都是“巡车巡到位，腿脚跑到累”。有人问他“这么认真到底是图个啥”，他说“长征二万五千里是走，我巡车也是走，何不一走就走到底呢”。有些区段经常会有小偷光顾，天刚亮时最容易发案，因此老钱经常是脱了警服就到车门口去“挤”，把扒手们都监控起来。看到老钱，有的小偷连车票都不要了。年复一年、日复一日，在老钱的宣传下，旅客们的防范意识提高了。

老钱是一个“会算账”的人，知道“防范累，发了案更累”。所以，只有工作做到位了，他心里才有底。无论跑哪个车次，老钱都能保证中途不出事。老钱的父母曾经对他说“人不能懒”，所以他便把“勤”字放在了心上。老钱跑过广东省湛江市火车站至北京西站的“K157/8 次列车”，一来一回要停靠六十五个大大小小的车站，再加上临时停车，老钱要下车巡防七十余次。他说，累一点儿反倒能锻炼身体。

提起收入，老钱很满足，觉得自己是“比上不足，比下有余”。工作了三十多年，他是越干越有劲头。

到站了，老钱总是喊：“到站了！睡觉的起来了，做梦的回家做了！只做甜梦、好梦，不做噩梦、惊梦！”老钱因此而被大家称作“喇叭乘警”。

“车下屁股口袋翘翘，姑娘跟着跑；车上屁股口袋翘翘，扒手偷着笑。”原本枯燥无味的安全宣传词，在他嘴里变得有趣多了。可是，谁也想不到，能说会道的老钱以前是个性格内向的人。为了搞好列车上的治安防范宣传工作，老钱一回家就在本子上写出一系列的顺口溜，对着镜子一遍一遍地练。他说，每节车厢里都有一百多号人，说话的分寸一定要把握好。

老钱年轻时跟一位老中医学了针灸，所以有很多人说老钱是“华佗再世”。现在虽说不能乱行医，但是真遇到有生命危险的旅客，老钱也就顾不上那么多了。一次，一个在广东湛江打工的小伙子，身上带着一万多元血汗钱，坐车时精神极度紧张，再加上天气突变，染上了风寒，持续发低烧。老钱连忙赶到病人所在的车厢，拿出小药箱，掏出三根银针，精准、快速地扎到了那个小伙子的穴位上。大约过了一刻钟，那个小伙子的病情就有所好转了。

你要是问老钱“什么最重要”，他会说“身体健康和安全最重要”。画画对老钱来说是一种艺术享受，他从画月亮、太阳、五角星学起，从来不觉得枯燥。老钱觉得，不是只有抽烟、喝酒和打麻将才叫休闲。平日里，老钱喜欢看哲学书，从中学到一些正确的思维方法，以便提高工作效率。

有的年轻乘警会和老钱开玩笑说：“老钱，你干吗不‘卖点儿老’？”老钱会说：“新有新的特点，老有老的特点，各有千秋。我的文化基础不如你们，电脑接触得也少，但我有信心把它们学会。你们年轻人也很勤快，我们互相学习嘛！”其实，跟着老钱跑车的年轻乘警可以学到很多东西，有不少跟他跑过车的同志都说：“跟着老钱跑车虽然很辛苦，但是我们心里特别踏实。”

老钱把他最近画的一幅素描作品拿了出来。画的名字叫《当公仆》，画的是一位头顶国徽的人民警察。老钱画的是不是他自己，只有老钱才知道。

二、干工作有着满满的激情

陶春华，男，三十五岁。他是柳州乘警支队三大队的乘警长，在乘警这个岗位上一干就是七年。

在列车上，他为了制服一个精神病人而被刺伤了，手上的虎口处留下了三厘米长的伤疤。一直以来，他所在的“T5/6 次”和“K538/7 次”列车都是三天一个来回，他在家休息的时间只有一天半。他整天往北京、上海跑，可是从来都没逛过天安门和外滩——没有时间，也没有精力去玩。

四岁的儿子对他说：“爸爸是大警察，我是小警察。”因为他和妻子很少沟通，所以妻子向他提出了离婚。“当警察的有种职业病，回到家多多少少会显得有些冷漠，有时候脾气会比较暴躁。”说着说着，小陶的眼眶有些发红，他觉得对不起妻子。前几年，家里人托关系帮小陶找了一份轻闲的工作，想让他转行。小陶也有过离开乘警队的念头，但他总觉得这个岗位对他来说十分重要，怎么也割舍不了。小陶抚摸着衣柜里挂着的那套警服，依恋和难舍之情涌上心头。于是，他毅然留在了乘警队。

小陶觉得，当乘警就是要为旅客服务，哪怕你为旅客做了很小的一件事，旅客都会一直记得你。一次，小陶在车上查到了一个“无证青年”，随身携带的电脑包里有一本病历，还有一些上诉书之类的东西。经查验，发现这些物品都不是他的，而是一位姓姜的上海人的。小陶历尽千辛万苦找到了这位姜先生，把东西还给了他。姜先生立刻就跪在了地上——包里面装的是民事纠纷的票据，对他来说至关重要。在把姜先生扶起来的那一刻，小陶觉得职业赋予了自己无限的光荣。

在当乘警的过程中，小陶也有害怕和绝望的时候。有一回，在追扒手的时候，他跟扒手扭打在了一起，双方都受了伤。扒手被制伏之后，向小陶喊道：“我是艾滋病患者，你回去等死吧！”当时，小陶以为扒手是在吓唬他，可是后来经核实，这个人确实是艾滋病患者。于是，他立刻到医院去验了血。在等待结果的半年时间里，他的情绪陷入了低谷。他一次又一次地问自己：“这到底是不是我想要的生活呢？”后来，他想通了，即使真的被传染上了，他也要尽心尽力地去当好乘警。好人终有好报，检查结果出来以后，小陶长长地舒了一口气。

小陶说：“当乘警是我的职业，是养家糊口所必需的，我并不想得到什么报答。道理很简单——民工们盖了很多高楼大厦，但他们并不奢求住上大房子。经过那场虚惊，我在处理问题时沉着冷静了许多。”

小陶高兴地说，他的妻子看了有关他的新闻报道之后，理解了他的工作，越来越能体谅他了。

小陶越来越相信“与人为善，终有好报”。因此，他在干工作时总是充满了激情。

寻找东安

为了完成一个紧急的采访任务，我们必须赶到一个寒冷的地方——湘桂线北段的东安车站。

只有冰雪，没有电——那是一个什么样的地方呢？在疾驶的列车上，我想着诸如此类的问题，昏昏欲睡。我拨开窗帘，望向窗外，零星的农家灯火和卧铺爬梯的影子交织在了一起。凌晨五点，车速降了下来，到达了东安车站。

地面上结着厚厚的一层冰，我穿着棉服，近乎狼狈地抓着扶手下车，生怕滑倒后相机也跟着报销。就这样，高度紧张的神经让我忘掉了疲惫。站台上站着一位穿着厚底鞋的老民警，他是来接我和我的同事们的。“从昨天晚上就开始停电了，要停七天的时间。现在，整个东安县只有车站和监狱能供电。”我看到了从老民警嘴里呼出的白气。一出站，我们就觉得整座城市像是被放在了一个涂满黑墨的玻璃器皿中，漆黑一片。借着手电筒的微光，我们踩着冰、水、泥的混合物，不一会儿就找到了旅馆。

这是一家五层楼的私人小旅馆。老板娘睡在用沙发拼凑起来的床上，盖着厚厚的棉被。几个年轻人围着一张圆桌烤火，一见到老民警便问“往北走的车子有没有消息”。老民警语气沉重地说：“到处都是冰雪，前方交通受阻，列车都晚点了。”老板娘站起身来，点了一根蜡烛：“蜡烛今天卖到五块钱一根了，听说明天要涨到十五块钱两根。”进了五楼的一个房间，老板娘把手中的蜡烛递给了我。房间里的布置很简单，不时地从窗户的缝隙中透进冷风。我没有脱衣服，盖上了厚棉被。烛光摇曳，整座东安城都变得忽明忽暗了。

清晨，我醒来的时候，手脚都冻僵了。整个东安城都没有热水，我只好沾着冰凉的水拍了拍僵硬的脸颊。然后，我和同事们一起朝火车站的方向走去。一路上，遇到了不少提着编织袋准备回家过年的人。他们站在人行道上，毫无表情地寻找着什么。我们每人吃了一碗素面，然后走进了东安站。候车室里的人并不多，要是换作往年，早就人满为患了。雨雪交加，公路被封，城外的人都进不来了。

公安值班室里的设施很简单，烧着一盆热炭。凌晨到车站去接我们的那位老民警正坐在那儿看报纸。“断电了，道路堵塞，火车开不动啊！”说着，他拿起帽子，朝站台走去。站台旁停靠着一列黑皮货车和一列旅客列车。四周是白茫茫的一片，远处有烟雾腾起。老民警抱着一大捆深黄色的稻草，边走边小心翼翼地把稻草铺到冰面上。两个年轻的民警在进站口处弯着腰铲着大块的冰。

我冲着他们按下了快门，心里忽然有一种说不出的感觉。

一些旅客拉开一半车窗，从滞留已久的火车上探出头来透气：“同志，什么时候能开车啊？”值勤民警走过来，顺手帮旅客把车窗拉上了：“现在还说不准。换换气就把窗户关上吧，注意财物安全！”面对着铺满金黄色稻草的站台，我努力地寻找着老民警的身影。这时，他和几个民警正在帮这趟缺水六个多小时的列车“上水”。也许是接口不合适，老民警全身都被冰水浇透了。我走近他时，他的手正紧握着输水管，任凭冷水肆意地浇向他。我屏住呼吸，控制住快要掉下来的泪水，不知不觉地按下了快门。

值班室里，老民警正在烤他那湿透的衣服。我坐在他旁边，和他随意地聊着。我问：“您过年回家吗？”老民警喝了一口浓茶，爽朗地笑了起来：“已经十多年没回家过年啦，早就没有这个念头了。”我接着问：“您在这儿不觉得闷吗？”他说：“春运期间，那么多旅客要回家，忙都忙不过来，哪会觉得闷呢！现在，看到他们回不了家，我揪心啊！”说完这些话，老民警从对讲机里接到消息，停靠的列车上有一个孕妇“小产”了。他麻利地套上还没干的衣服，拿着帽子就跑了出去。我跟不上他的脚步，只能从覆盖着冰雪的地面上寻找他那逐渐消失的脚印。

又见花木兰

——记南宁铁路公安局援穗女特警、“中国青年五四奖章”获得者梁婵娟

2008年，我国南方遭遇了雨雪冰冻灾害。春运期间，几十万旅客大军滞留在广州火车站。南宁铁路公安局女特警梁婵娟作为全路增援广州站的五百四十名特警中仅有的三名女特警之一，在广州鏖战了八天八夜。她以女性的柔情、特警的铁血，演绎了广州春运保卫战中的一个个动人的故事。

一、煅烧愈深，利剑愈韧

1月18日，梁婵娟刚做了纤维瘤切除手术，伤口缝了八针。1月28

日，手术后拆线的第二天，梁婵娟就接到了赴广州站增援的命令。她的丈夫听到这个消息后，执意要到队里替她向领导请假。可是，她却说："我能去。干工作怎么能说请假就请假呢？队里比我年纪大、困难多、伤病重的同志多的是。"

在支援广州时，超负荷的工作、颠倒的作息时间打乱了正常的生物钟。作为一名女同志，梁婵娟以惊人的毅力克服了常人难以想象的困难。她每天和男同志一样，要连续工作十多个小时，休息时间加在一起不足四个小时。由于要长时间地切割和分流人群，她的两只胳膊又酸又疼，连脱衣服的力气都没有了。饿了，她就在飘零的雨水中，蹲在地上吃"雨加饭"。

二、淬浸愈冷，意志愈坚

"婵娟啊，可是我们的花木兰！我们都把她当成男同志看了。去广州时，谁也不知道她有病在身。"一位特警队员这样说道。

在广州的日日夜夜，因伤口还没有完全愈合，梁婵娟每次拉起又硬又紧的作战背心拉链，每做一次拨开人群的动作，伤口处都会钻心地疼。但是，一看到身边那一群群渴望回家的人，她便会忍痛坚持下来。连日来，广州冻雨不断。领导让她站在大棚里执勤，但她坚持要跟其他队员一块儿站在外面。她强撑着自己那并不强壮的身躯，和男特警们一块儿挤在人潮中。丈夫一直为梁婵娟手术之后的身体状况担心，几次打电话催她赶紧请假回家。可是，梁婵娟总是对着电话那头的丈夫说："你听听那汹涌的人潮声，他们比我更想回家。"

"援外"时，她正值生理期。繁重的工作、恶劣的条件加重了她的生理反应。回到休息的地方，她只能用矿泉水瓶盛点儿热水，放在肚子上缓解疼痛。为了防止发烧，她在袜子外边套上了塑料袋，以减少双脚浸泡在雨水中的时间。结果，干完活儿回到房间，袜子还是一拧全是水。

三、磨砺愈细，锋刃愈利

1 月 31 日凌晨三时许，梁婵娟在疏导旅客时，突然听到人群中传来了微弱的呼叫声："不要挤，这里有孕妇!"顺着声音，梁婵娟看见一位身穿红色外衣的孕妇，在人潮中孤零零地高举着双臂。梁婵娟拼尽全力向那双手挤了过去。一米、两米，每前进一步都要付出巨大的体力。筋疲力尽的梁婵娟渐渐地接近了那名孕妇，安全地将其带到了相对空旷的区域。这名妇女当时已有了七个月的身孕，急着赶回湖南衡阳老家过年，没想到广州火车站这么拥挤。梁婵娟拿出自己的水和饼干，一口一口地喂给这名虚弱的妇女，并亲自将这名妇女送上了开往衡阳的火车。

2 月 2 日，雨下得特别大。队长一声令下，梁婵娟又冲到了瓢泼大雨中。顷刻间，雨水顺着衣领灌到了她的脖子里，顺着鞋帮流到了她的鞋里。就这样，棉衣、棉裤、棉鞋成了"雨衣"、"雨裤"、"雨鞋"，紧紧地箍在了她的身上。大风一刮，寒冷与伤口的疼痛便随即而来。突然，梁婵娟看到人群中有一个小男孩儿躲在他母亲的怀里，被雨淋得哇哇大哭。她立刻挤了过去，将身上的雨衣脱下来，穿在了小男孩儿的身上。其他民警在她的带动下，也纷纷脱下雨衣，让给老人、小孩儿……

在去广州的这段日子里，梁婵娟的婶婶患脑血栓住院了，家里人没敢告诉她。她母亲的生日和她表妹的婚礼，她也错过了。在支援广州的关键时刻，她将所有的情感都奉献给了几十万回家的旅客。她把真正的美融于日夜坚守的工作中，融于朴实无华的语言里，融于行色匆匆的脚步中，融于苦尽甘来的谈笑里。在平静、平淡的人生路上，梁婵娟留下了闪光的足迹。正是因为有了梁婵娟这个“当代的花木兰”，才使得“柳州特警”这支队伍更加生气勃勃。

后 记

铁警追梦——这个梦是什么？是铁路公安对这份职业的执着坚守，是对肩负使命与责任的无悔忠诚。追梦于心，担当在肩。多年来，就是靠着这种内心世界的充盈，铁路公安民警在万里铁道线上，在大山深处，在偏僻小站，在旅客身边，在危难时刻，书写着一个个动人的故事。他们的故事也许鲜为人知，但却不乏鲜艳夺目的色彩。当那两条平行延伸的钢轨与铁路警察的人生紧紧浇铸在一起时，这钢铁就已经成了他们的骨骼、脊梁。这样的故事，每天都在铁道线上流淌，如万川入海，如星火燎原。

用一流的表达讲述铁警一流的故事，这是铁路公安系统贯彻习近平同志对新时期文艺创作要求、落实公安部打造警察文化具体意见所达成的共识。

多年来，铁路公安系统活跃着一批执着而优秀的文学作者，他们在繁忙的工作之余，一手拿枪，一手握笔，孜孜以求地倾注全部热情来创作。他们以散文、诗歌、小说、报告文学，为我们呈现铁路公安这个群体独有的情怀。从这些作品中，我们能够感受到流淌在其间的滚烫热量。一部作品能否成功，关键就在于作者是否真诚地面对生活、面对自己、面对读者。这个过程有如输血，把我们体内那滚烫的血液毫无保留、没有障碍地输送给读者，把那些感动我们的故事以鲜活的方式讲述给读者。倘能如此，我们的文学作品就将拥有长久的生命力。

这些书籍的出版得到了铁路公安文联的大力支持，折射着铁路公安充满传奇与热血的故事。借用诗人田湘《虚掩的门》诗中的几句：“虚掩的门里，有着许多不为人知的秘密……它似乎在等待着一个人，轻轻地把门叩开……”希望这些书籍的出版能为铁路公安文学创作爱好者打开一扇门，让更多的人走进来，参与到这项带着春天般芬芳的事业里，把更多的色彩、更多的热量传递出去。更希望为读者打开一扇门，让他们从这扇门里，领略到铁路公安这个行业里独有的春天。